Vuela 2
Libro del Alumno

M.ª Ángeles Álvarez Martínez
Ana Blanco Canales
M.ª Jesús Torrens Álvarez
Clara Alarcón Pérez

Equipo de la Universidad de Alcalá
   Dirección: M.ª Ángeles Álvarez Martínez

   Programación y esquemas gramaticales: M.ª Ángeles Álvarez Martínez
                                          Ana Blanco Canales
                                          M.ª Jesús Torrens Álvarez
                                          Clara Alarcón Pérez

   Autoras: M.ª Ángeles Álvarez Martínez
            Ana Blanco Canales
            M.ª Jesús Torrens Álvarez
            Clara Alarcón Pérez

© Del texto: M.ª Ángeles Álvarez Martínez, Ana Blanco Canales, M.ª Jesús Torrens Álvarez,
             Clara Alarcón Pérez
© De los dibujos y gráficos: Grupo Anaya, S. A., 2005
© De esta edición: Grupo Anaya, S. A., 2005, Juan Ignacio Luca de Tena, 15 - 28027 Madrid

Depósito legal: M-16416-2005
ISBN: 84-667-4532-7
Printed in Spain
Imprime: Melsa - Carretera de Fuenlabrada a Pinto, Km 21,800 - 28320 Pinto (Madrid)

Equipo editorial
   Edición: Milagros Bodas, Sonia de Pedro
   Equipo técnico: Javier Cuéllar, Laura Llarena
   Ilustración: José Luis García Morán, Alberto Pieruz y José Zazo
   Cubiertas: M. Á. Pacheco, J. Serrano
   Maquetación: Ángel Guerrero
   Edición gráfica: Estefanía de Régil

Fotografías: Archivo Anaya (Calonge, N.; Cosano, P.; Enríquez, S.; Hawksworth, E.; Jove, V.; Leiva, A.; Lezama, D.;
             Marín, E.; Martínez, C.; Muñoz, J.C.; Ortega, A.; P. De T., M.; Ramón Ortega, P. -Fototeca de España;
             Quintas, D.; Redondo, M.; Ruiz, J. B.; Sanguinetti, J. A. -Fototeca de España; 6 x 6 Producción
             Fotográfica; Steel, M.; Vázquez, A.; Zafra, J. C.; Zurdo, F.); Corbis/Cover

Reservados todos los derechos. El contenido de esta obra está protegido por la Ley, que establece penas de prisión y/o multas, además de las
correspondientes indemnizaciones por daños y perjuicios, para quienes reprodujeren, plagiaren, distribuyeren o comunicaren públicamente, en
todo o en parte, una obra literaria, artística o científica, o su transformación, interpretación o ejecución artística fijada en cualquier tipo de sopor-
te o comunicada a través de cualquier medio, sin la preceptiva autorización.

PRESENTACIÓN

Vuela es un curso intensivo de español destinado a los estudiantes que no disponen de tiempo suficiente para seguir un curso regular y quieren aprender –o mejorar– el español en un breve espacio de tiempo. También es adecuado para aquellos estudiantes que sólo disponen de dos o tres horas a la semana para sus clases o para los que acuden a centros de enseñanza en los que no existen grupos establecidos, ni cursos con fechas fijas de inicio y fin, sino que asisten a clases que cambian cada semana con la incorporación y salida de nuevos estudiantes. **Vuela** parte de una selección de los contenidos más importantes de cada nivel, según las necesidades comunicativas fundamentales de los hablantes en los distintos ámbitos establecidos por el *Marco común europeo de referencia para la enseñanza de las lenguas (MRE)*. La propuesta de **Vuela** sigue de cerca las recomendaciones y pautas del *MRE*, cuyas premisas se reflejan en los 6 niveles de competencia establecidos, en la programación del desarrollo de competencias y contenidos y en los planteamientos metodológicos. Los tres niveles generales (A, B y C), planteados por el *MRE*, se subdividen para facilitar el aprendizaje y la profundización en el estudio del español como lengua extranjera.

Vuela 2 corresponde al nivel **A1** del *MRE* y está pensado para estudiantes con conocimientos básicos de español. Les ofrecemos unos conocimientos suficientes para desenvolverse en situaciones cotidianas muy concretas y básicas.

Vuela 2 ofrece material para cursos de entre **40 y 60 horas.** Está compuesto de 5 unidades didácticas, distribuidas en diez lecciones. Cada unidad didáctica se centra en un foco temático. Puesto que es imposible completar una unidad didáctica en una sesión –no hay que olvidar el carácter intensivo de este método, destinado a cubrir las necesidades de cursos de poca duración o de 2 o 3 horas por semana–, nos ha parecido conveniente crear dos ámbitos de acción dentro del mismo bloque temático. Cada unidad didáctica está formada, pues, por dos lecciones. De esta manera, en una sesión, el estudiante puede desarrollar una **secuencia didáctica completa**: sensibilización y precalentamiento, presentación de contenidos y práctica semi-dirigida y también libre. Así se evita que en una clase sea necesario retomar contenidos o actividades de la anterior.

Cada lección constituye una unidad de trabajo en sí misma, con principio y fin, pensada para ser desarrollada en una única sesión de dos horas de duración. Este tiempo podría alargarse, si se quiere, al realizar en el aula algunas de las propuestas planteadas en el *Libro del Profesor* o recurriendo a actividades del *Cuaderno de Ejercicios*. En este sentido, se presenta un material flexible y de duración variada a partir de una estructura didáctica claramente establecida. El profesor no está obligado a realizar el esfuerzo de adaptar secuencias didácticas a su situación de enseñanza, replanteando los contenidos y el desarrollo, pues sobre una base de duración mínima y de estructura clara y transparente, solo ha de insertar material diseñado para tal fin. Por supuesto, tampoco ha de preparar material auxiliar, porque de todo ello dispone en el *Cuaderno de Ejercicios*. Este tipo de secuenciación didáctica cerrada, con principio y fin, presenta como gran ventaja la cohesión en el trabajo diario y la sensación real de avance de cada día. Además, facilita que haya una perfecta contextualización de todas las actividades que se ejercitan, pues esto es factible en estructuras didácticas reducidas frente a otras de mayor extensión.

Cada secuencia didáctica comienza con un precalentamiento que sitúa al estudiante en el marco nocional y temático en el que va a trabajar, lo que facilita el desarrollo posterior. Le hemos dado gran importancia a esta parte, al ser fundamental como forma de contextualización.

Los contenidos lingüísticos y funcionales se presentan de una manera clara y precisa; y a continuación, se trabajan con actividades variadas. Queremos destacar, en este sentido, el esfuerzo que se ha realizado para que cada lección tenga una secuenciación firme, que lleve al alumno casi sin notarlo desde unas actividades bastante dirigidas a otras mucho más libres en las que continúa ejercitando los contenidos que debe aprender. Por consiguiente, el profesor y el estudiante son conscientes, en todo momento, de cuál es el contenido que se está estudiando. Puesto que nuestra mayor preocupación es rentabilizar el aprendizaje, se ha tratado siempre de evitar la dispersión; de ahí que el desarrollo de cada ámbito esté firmemente dirigido a trabajar de forma concreta la información de las fichas.

Las destrezas comunicativas están ampliamente desarrolladas, porque la mayor parte de las actividades y ejercicios del *Libro del Alumno* combina la práctica de los contenidos lingüísticos con una o varias destrezas. Así, seguimos la propuesta del *MRE* que sugiere que las actividades reflejen acciones y tareas de la vida cotidiana. La propuesta metodológica que desarrolla **Vuela** intenta reflejar las demandas de profesores y alumnos con respecto a lo que consideran un material útil para las clases. Se ha establecido teniendo muy en consideración sus reflexiones, opiniones, preferencias, etc. El resultado es un material didáctico que presenta las siguientes características:

El *Libro del Alumno* incluye, además de las 5 unidades didácticas, la **Programación** del curso, las **Transcripciones** de las audiciones; un **Glosario** donde se recoge de forma selectiva el léxico estudiado en las distintas unidades –tan solo se consigna, pues, el vocabulario fundamental–; además, se incluyen giros relacionados con ciertas situaciones comunicativas, y un **Apéndice gramatical** que comprende, de forma sistematizada, todos los contenidos gramaticales trabajados y que sirve de lugar de consulta rápida y de referencia.

PROGRAMACIÓN

LECCIÓN	FUNCIONES	GRAMÁTICA	LÉXICO	ESCRITURA/FONÉTICA

Unidad 1 .... Pág. 8

1 Vamos a la compra	- Pedir en una tienda de alimentación. - Preguntar y dar el precio de alimentos.	- Sustantivos contables e incontables. - Artículo / indefinido / Ø. - Cantidades y medidas.	- Comercios de alimentación. - Alimentos. - Sabores. - Colores.	- Receta de cocina. - Separación de sílabas.
2 Hoy comemos en el restaurante	- Pedir en un bar y en un restaurante. - Llamar al camarero. - Pedir información sobre la comida. - Pedir la cuenta. - Valorar la comida.	- *Estar* + adjetivo - *Un poco de / un poco más de.* - *Un, una / otro, otra.* - *Muy / mucho / demasiado.*	- Establecimientos de restauración. - Cubiertos y servicios de mesa. - Bebidas. - Platos y tapas. - Adjetivos para valorar la comida.	- La carta de los establecimientos de restauración.

Unidad 2 .... Pág. 20

3 ¿Cómo es tu casa?	- Describir la vivienda y sus habitaciones. - Describir muebles y objetos. - Expresar existencia y ubicación (I). - Establecer comparaciones (I).	- *Ser* + adjetivo, *ser de* + sustantivo de materia, *tener, servir para y estar* + preposición - Comparativos (I). - *Hay /* artículo… *está(n).* - *Un(o), algún(o).* - Preposiciones de lugar.	- Partes de la casa. - Muebles y electrodomésticos. - Adjetivos para la descripción de objetos: colores (II), tamaños y formas. - Adverbios de lugar	- Sílabas tónicas y átonas.
4 Tareas de la casa	- Expresar obligación (I). - Repartir tareas. - Establecer comparaciones y prioridades. - Pedir u ordenar. - Expresar disponibilidad o falta de ella.	- *Hay que* + infinitivo (I). - La pregunta para las órdenes corteses. - Imperativo afirmativo de tú. - Pronombres átonos de CD. - Superlativo relativo y absoluto. - La oración de relativo con *que* + presente.	- Partes de la casa. - Muebles y electrodomésticos. - Adjetivos para la descripción de objetos: colores (II), tamaños y formas. - Adverbios de lugar.	- Recados breves.

Unidad 3 .... Pág. 32

5 Mi ciudad	- Describir una ciudad. - Expresar opinión (II). - Expresar necesidad. - Expresar obligación (II). - Expresar finalidad.	- Verbos y expresiones de creencia y opinión. - *Necesitar / hacer falta.* - *Necesitar / hacer falta / querer.* - *Necesitar / tener que.* - *Tener que / hay que.* - *Para* + infinitivo.	- Tipos de establecimientos, tiendas y servicios públicos (I). - Productos que se venden en ellos. - Accesorios de la casa.	- Hacer lista de necesidades.

LECCIÓN	FUNCIONES	GRAMÁTICA	LÉXICO	ESCRITURA/FONÉTICA
6 Mi barrio	- Expresar existencia y ubicación (II). - Preguntar por un lugar. - Dar instrucciones para llegar a un lugar.	- *Tú / usted*. - *hay un / el ... está* (II). - Imperativo de *tú* y *usted*. - Adverbios y locuciones de lugar y dirección: *recto, a la izquierda, a la derecha, al final, al comienzo, enfrente de, de enfrente, en la esquina, al lado de*.	- Establecimientos, tiendas y servicios públicos (II).	- Escribir un itinerario para llegar a un lugar.

UNIDAD 4 .... Pág. 44

LECCIÓN	FUNCIONES	GRAMÁTICA	LÉXICO	ESCRITURA/FONÉTICA
7 Hoy he empezado a trabajar	- Hablar de acontecimientos del pasado reciente. - Hablar de acciones personales. - Contrastar acciones acabadas en un pasado reciente con otras que continúan en el presente. - Contrastar acciones realizadas con otras que están por realizar.	- Pretérito perfecto: forma y usos (I): *hoy, esta mañana, esta tarde, este mes, este año, últimamente, recientemente, hace poco, hace un rato*. - Verbo en presente + *desde hace* + cantidad de tiempo; verbo en pretérito perfecto + *hace* + cantidad de tiempo; verbo *llevar* + cantidad de tiempo - *Ya / todavía no*.	- Profesiones (II). - Léxico de correos.	- Formularios de correos.
8 De vuelta a clase	- Hablar de acontecimientos del pasado reciente. - Valorar experiencias. - Describir lugares (II). - Expresar frecuencia.	- Pretérito perfecto. - *Un(o), algún(o) / ningún(a)*. - *Ha sido / ha estado* + adjetivo de valoración. - Expresiones de frecuencia (*alguna vez, varias veces, muchas veces, nunca, jamás, siempre*).	- Actividades de ocio y tiempo libre (II). - Adjetivos para valorar acontecimientos y experiencias.	- Fonemas palatales. - Cartas personales.

UNIDAD 5 .... Pág. 56

LECCIÓN	FUNCIONES	GRAMÁTICA	LÉXICO	ESCRITURA/FONÉTICA
9 Vamos a salvar la Tierra	- Hablar de planes y proyectos. - Hacer proposiciones. - Aceptar o rechazar una proposición. - Expresar opinión (III). - Expresar acuerdo y desacuerdo.	- *Ir a* + infinitivo. - *Poder* + infinitivo, para hacer proposiciones. - *¿Por qué no…? ¿Y si…?* - *Yo prefiero, es mejor…* - *(No) estoy de acuerdo contigo, con vosotros; yo también pienso que…; creo que no tienes razón…*	- Medio ambiente. - La naturaleza.	- Proyectos
10 De vacaciones	- Hablar de planes y proyectos futuros - Expresar condición - Expresar deseo - Hablar por teléfono; solicitar información por teléfono.	- *Ir a* + infinitivo. - Oraciones condicionales. - Presente para hablar del futuro. - *Quiero / me gustaría* + infinitivo. - *Quería…*	- Ocio y tiempo libre (III). - Deportes.	- Programas y planes de viajes.

unidad 1

Lección 1 Vamos a la compra

- Pedir en una tienda de alimentación.
- Preguntar y dar el precio de alimentos.

1. Escribe el nombre de los alimentos en el lugar correspondiente.

Pera  — Tomate  — Limón  — Galletas  — Pollo  — Zanahorias
Chorizo  — Gambas  — Queso  — Vinagre  — Aceite 
Mantequilla  — Cerezas 
Ajos 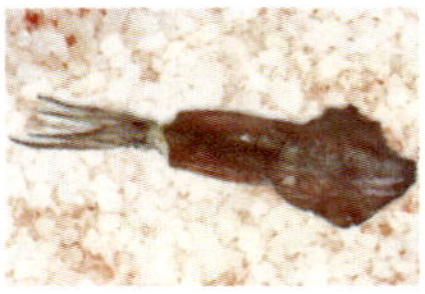 — Calamar  — Chuletas  — Sardinas  — Patatas  — Huevos 
Sal  — Azúcar  — Naranjas — Leche  — Pan  — Lechuga  — Filetes 
Sandías  — Pimientos  — Cebollas  — Plátanos 

FRUTERÍA — CARNICERÍA — PESCADERÍA — PANADERÍA

8 ocho

2. ¿Qué frutas y verduras tienen los siguientes colores?

Blanco ....

Rojo ....

Naranja ....

Amarillo ....

Azul ....

Negro ....

Verde ....

■ ¿Hay algún color que no corresponda a ninguna fruta o verdura? ....

3. Señala cómo es el sabor de estos alimentos.

	Dulce	Amargo/-a	Agrio/-a	Ácido/-a	Salado/-a
Las galletas					
El queso					
El limón					
El café					
El vinagre					

4. Resolved estas adivinanzas y escribid una.

Tu adivinanza
....
....
....
....

1. Oro parece,
plata no es,
quien no lo adivine
tonto es.

....

2. Se hace con leche
y sabe a beso,
¿qué es eso?

....

3. Roja por dentro
verde por fuera
pepitas negras.

....

4. Blanco es,
la gallina lo pone,
con aceite se fríe
y con pan se come.

....

5. Blanca por dentro,
verde por fuera.
Si quieres que te lo diga,
espera.

....

nueve **9**

5. Escucha a la madre de Carlos y señala la lista de la compra correspondiente.

a
300 g de jamón
1 barra de pan
una lata de atún
2 docenas de huevos
1 paquete de azúcar
1 botella de aceite

c
1 docena de huevos
1 kg de garbanzos
3 litros de leche
1 paquete de galletas
2 botellas de aceite
1/2 kg de filetes de pollo

b
1/2 kg de filetes de ternera
2 litros de leche
1 barra de pan
1 bolsa de patatas
200 g de cerezas
3 botellas de aceite

6. Completa con el artículo y el indefinido si es necesario.

Presencia y ausencia del artículo y del indefinido
Con sustantivos contables concretos
el, la, los, las: *Quiero el melón de la derecha.*
Con sustantivos contables no concretos
un, una, unos, unas: *Compra una sandía.*
Con sustantivos no contables
Ø: *Compra azúcar.*
¡Ojo! Con la forma verbal *hay* no se puede utilizar **el, la, los, las**:
Hay las galletas en la cocina.

–Carlos, no hay …… sal. Baja a …… tienda de enfrente y compra …… paquete.
–Vale, mamá.
–Toma, te doy …… billete de diez euros. Y, además de sal, compra …… docena de huevos.
–Vale. ¿Puedo comprarme …… bollo?
–Sí, anda.

–Hola, Carlos, ¿traes …… cosas?
–No, mamá, en …… tienda de enfrente no hay …… sal ni huevos.
–Vaya, ¿y bollos?
–Sí, eso sí.
–Bueno, cómete …… bollo y dame …… vueltas.

■ Escucha y comprueba.

7. Escucha y relaciona cada producto con su precio.

Un kilo de peras	12,50 €
Un paquete de galletas	0,45 €
Una barra de pan	1,20 €
Un kilo de gambas	1,80 €

Para preguntar por un precio invariable
-¿Cuánto cuesta / vale un litro de leche?
-Un euro.
Para preguntar por un precio variable
-¿A cuánto están las naranjas?
-A dos (euros) con cincuenta (céntimos) el kilo.
Para preguntar por el precio final
-¿Cuánto es?
-Son siete (euros) con sesenta (céntimos).

8. Pregunta a tu compañero los precios que faltan.

9. Escucha y completa con las frases del recuadro.

—Hola, buenos días.
—Buenos días, ……………………………………………
—Pues… a ver, ……………………………………………
—A 12,70.
—…………………………………………
—Medio de gambas, muy bien. ……………………………
—Sí, quería también tres truchas pequeñas.
—Tres truchas… a ver… 600 g. ¿Está bien así?
—Sí, así vale.
—………………………………………… Tengo unas sardinitas…
—¿Están frescas?
—Hombre, claro, las más frescas.
—Pues …………………………………………
—Cuarto de sardinas. …………………………………………

¿Cuánto es?
Me pone cuarto.
¿Qué le pongo?
¿Quería algo más, señor?
Aquí tiene las vueltas.
Póngame medio.
¿A cuánto está el kilo de gambas?
¿Algo más?
¿Le pongo algo más?

—No, nada más. ……………………
—Son 9,65.
—Tome, le doy veinte.
—…………………………………………
—Gracias, hasta luego.
—Adiós, hasta otro día.

10. Representa con tu compañero diálogos como el anterior.

Alumno A
1. Vas a la frutería a comprar verduras para hacer una ensalada.
2. Eres carnicero y tu compañero entra en tu tienda.

Alumno B
1. Eres frutero y tu compañero entra en tu tienda.
2. Eres el padre o la madre de tres hijos y vas a la carnicería a comprar carne para toda la semana.

once **11**

11. Completa el siguiente crucigrama silábico.

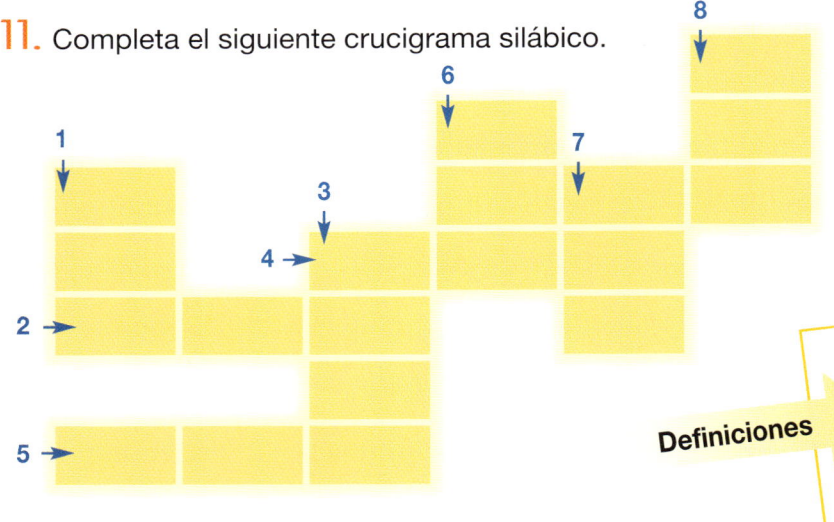

Sílabas del español
(C: consonante; V: vocal)
V: a-jo
VV: ai-re
CV: pa-ta-ta, san-dí-a
CVV(C): hue-vo, pi-mien-to
CVC: cor-de-ro, gam-ba
CCV: tru-cha, plá-ta-no

Definiciones

1. Fruta dulce, verde y roja.
2. Sirve para freír huevos.
3. Se toma con pan en el desayuno.
4. Fruta roja, verde o amarilla.
5. Si la cortas, lloras.
6. Fruta pequeña y roja.
7. Líquido agrio.
8. Fruta amarilla, alargada y dulce.

12. Escucha esta receta y completa con los verbos *freír, cortar, mezclar, pelar, echar, poner, dar la vuelta* y *batir*.

INGREDIENTES
- 2 patatas grandes
- 1/2 cebolla
- 1/4 litro de aceite de oliva
- 4 huevos
- Sal

1. .... las patatas y la cebolla.
2. .... con un poco de sal.
3. .... los huevos.
4. .... los huevos con las patatas y la cebolla fritas.
5. .... un poco de aceite en una sartén.
6. .... el huevo con las patatas y la cebolla.
7. .... a la tortilla con la ayuda de una tapadera.

13. Lee el siguiente texto sobre el cocinero Ferrán Adriá y contesta a las preguntas.

TORTILLA DE PATATA EN COPA

Ferrán Adriá es un cocinero catalán que revoluciona cada día la cocina desde su restaurante El Bulli, en Gerona, destino de *gourmets* de todo el mundo. Con excelente técnica y mucha imaginación, combina sabores, texturas, aromas y temperaturas para crear recetas increíbles, como las croquetas líquidas, la gelatina caliente o la *mousse* de humo.

Según Adriá, todo es importante en la cocina: los productos, la presentación y la preparación de los platos. Una de las técnicas más sorprendentes y características de su cocina es la *desestructuración*. Consiste en separar todas las partes de un plato y preparar cada una de forma diferente. Se consigue un plato que conserva la esencia del original pero totalmente nuevo.

Un ejemplo muy famoso de esta técnica es la tradicional *tortilla de patata desestructurada:* capas de cebolla caramelizada, huevo líquido y *mousse* de patata en una copa de cristal. Una receta que, sin duda, deja con la boca abierta a las personas que van a cenar a El Bulli.

1. ¿Qué es importante, según Adriá, en la cocina?
....
....
....
....

2. ¿Qué platos raros conoces?
....
....
....
....

INFORMACIÓN FUNCIONAL Y GRAMATICAL

Cantidades y medidas

Un paquete de galletas
Una barra de pan
Una bolsa de patatas
Una botella de aceite
Un kilo de cerezas

Medio kilo de manzanas
Cuarto (kilo) de peras
Trescientos gramos de gambas
Un litro de leche
Una docena de huevos

Presencia y ausencia del artículo y del indefinido

Llevan artículo *(el, la, los, las)*
Los sustantivos contables concretos:
Cómete la manzana.

¡Ojo! Con la forma verbal *hay* no se puede utilizar el artículo: *Hay yogures en el frigorífico.*

Llevan indefinido *(un, una, unos, unas)*
Los sustantivos contables no concretos:
Compra un melón.

¡Ojo! Con los sustantivos contables no concretos no es obligatorio el indefinido si son plurales: *Compra (unas) manzanas.*

No llevan artículo ni indefinido
Los sustantivos no contables:
Compra sal.

Para preguntar el precio

Por un precio invariable:
–¿*Cuánto* cuesta / vale un litro de leche?
–Ochenta céntimos.

Para preguntar por un precio variable:
–¿*A cuánto* están las naranjas?
–*A dos (euros)* **con** *cincuenta (céntimos) el kilo.*

Para preguntar por el precio final:
–¿*Cuánto* es?
–*Son siete (euros)* **con** *sesenta (céntimos).*

Para comprar

Vendedor:
¿Qué le pongo? / ¿Qué **quería**?
¿Algo más? / ¿Le pongo algo más? / ¿**Quería** algo más?
Aquí tiene las vueltas.

Cliente:
Póngame cuarto (kilo) de...
Me pone un kilo de...?

Sílabas del español

(C: consonante; V: vocal)
V: **a**-ce-ra
VV: **au**-la
CV: **ca**-ma, **te**-lé-fo-no
CVV(C): a-**vión**, **hier**-ba
CVC: **cer**-do, **gor**-do
CCV: com-**pra**, **tra**-du-cir

trece **13**

unidad 1

Lección 2 Hoy comemos en el restaurante

- Pedir en un bar y en un restaurante.
- Pedir información sobre la comida.
- Valorar la comida.

1. ¿A qué sitio quiere ir cada una de estas personas? Escribe su nombre donde corresponda.

restaurante

Arturo: Quiero sentarme en una mesa y tomar unas raciones.

mesón

Mónica: Quiero tomar una caña y una tapa, de pie, en la barra.

....

....

bar

Gloria: Quiero sentarme en la calle y tomar un refresco.

terraza

Ramón: Quiero comer sentado, en un sitio tranquilo, dos platos y un postre.

....

....

2. Fíjate en las palabras del recuadro y escribe el nombre de los siguientes objetos donde corresponda.

tenedor
cuchillo
cuchara
palillos
plato
fuente
vaso
copa
taza
jarra
botella
servilleta
mantel

14 catorce

3. Observa las siguientes comidas. ¿En qué establecimiento se pueden comer? ¿Con qué utensilio? ¿Qué ingredientes llevan?

Pincho de tortilla	Bocadillo de calamares	Patatas bravas	Boquerones en vinagre
Establecimiento:	Establecimiento:	Establecimiento:	Establecimiento: ....
Utensilios:	Utensilios:	Utensilios:	Utensilios: ....
Ingredientes:	Ingredientes:	Ingredientes:	Ingredientes: ....

4. Mira las fotografías y completa con estas palabras el pie de foto. Después, clasifica las bebidas en alcohólicas o no alcohólicas.

vaso / copa / caña / tinto / taza / zumo / jarra

.... de cerveza

.... de sangría

.... de agua

.... de vino ....

copa de .... de naranja

.... de café con leche

vino blanco / tinto / rosado

Bebidas alcohólicas	Bebidas no alcohólicas
....	....
....	....

quince **15**

5. Pablo y sus amigos están tomando algo en un bar. Escucha, imagina que eres el camarero y toma nota de lo que piden.

Para pedir
Yo (quiero / voy a tomar)...
Para mí...

■ Representad un diálogo ante la clase siguiendo el modelo del ejercicio anterior.

6. Los padres de Pablo están en un restaurante para cenar. Esta es la carta, pero algunos platos no están en el apartado correcto. Corrige los errores siguiendo el ejemplo.

Restaurante La Buena Mesa

Ensaladas
Ensalada de la casa.....................5,10 €
Ensalada de pasta........................6,40 €
Escalope con patatas....................6,75 €
Ensaladilla rusa

Sopas
Sopa de ajo.................................7,30 €
Sopa de pescado..........................9,20 €
Natillas..2,30 €
Entrecot......................................9,90 €

Arroces
Paella...6,60 €
Arroz con setas...........................6,50 €
Arroz con verduras......................6,10 €
Arroz con leche...........................2,60 €

Carnes
Emperador al horno.....................9,20 €
Chuletas de cordero.....................7,30 €
Consomé....................................5,90 €

Pescados
Merluza en salsa verde.................8,60 €
Bacalao al Pil-pil..........................7,80 €
Pollo asado con guarnición............6,40 €

Postres
~~Ensaladilla rusa~~......................5,50 €
Gazpacho...................................4,80 €
Flan con nata..............................2,10 €
Tarta (sabores variados)...............3,15 €
Copa de helado...........................2,75 €

■ Escucha la conversación en el restaurante y marca con ✓ en la carta los platos que se piden.

7. Lee y escucha parte de la conversación anterior. Después, completa el recuadro.

–Camarero, por favor.
–Sí. ¿Han decidido ya?
–Sí; queríamos saber qué lleva la ensalada de la casa.
–Lleva lechuga, tomate, atún, cebolla y aceitunas.
–Ah, pues para mí una de primer plato.
–Muy bien, ¿y para usted, caballero?
–Para mí… Tráigame un consomé.
–De acuerdo. ¿Qué van a querer de segundo?
–Mmm… ¿Las chuletas llevan guarnición?
–Llevan un poco de ensalada.
–No, entonces, no. Mejor tráigame escalope con patatas.
–Muy bien. ¿Y para usted?
–¿Cómo es el bacalao al pil-pil?
–Lleva una salsa de ajo. Está muy bueno.
–¿Sí? Pues uno para mí de segundo, por favor.
–Enseguida les sirvo el primer plato.
–Gracias.

* * *

–¿Nos trae la cuenta, por favor?
–Sí, ahora mismo.

Para llamar al camarero:
....
Para preguntar sobre la comida:
....
Para pedir:
....
....
Para pedir la cuenta:
....

8. Completa con *un poco de, un poco más de, un, una, otro, otra.* Después escucha la audición y comprueba.

a –Camarero, por favor.
–¿Sí?
–¿Me trae .... cuchara?
–Sí, ahora mismo.
* * *
–Camarero, por favor, tráigame .... cuchara.
–Ahora mismo.

b –Camarero, ¿nos trae .... agua?
–Sí, enseguida.
* * *
–Perdone, ¿nos trae .... agua, por favor?
–Sí, ahora mismo.

Para pedir algo por primera vez
Por favor, ¿nos trae **una** botella de vino?
Por favor, ¿nos trae **un poco de** pan?
Para pedir algo por segunda vez
Por favor, ¿nos trae **otra** botella de vino?
Por favor, ¿nos trae **un poco más de** pan?

9. Escucha a los padres de Pablo valorando los platos que toman. Anótalos y dibuja una, dos o tres estrellas según sea mala, regular o buena su valoración.

Nombres de los platos	Valoración
....	....
....	....
....	....
....	....
....	....
....	....

Muy + adj. /adv.
La sopa está **muy caliente**.
En este bar cocinan **muy bien**.

Mucho/-a + sust. no contable
La ensalada tiene **mucho aceite** y **mucha sal.**

Demasiado + adj.
La sopa está **demasiado caliente**.

Demasiado/-a + sust. no contable
La ensalada tiene **demasiada sal.**

diecisiete **17**

10. Representa con tu compañero los siguientes papeles.

ALUMNO A

1. Estás en el restaurante *La Buena Mesa*.
   - Pide una bebida, un primer plato, un segundo plato y un postre.
   - Pide un poco más de pan.
   - Pide la cuenta.
2. Eres el camarero del restaurante *La Buena Mesa*. Atiende a tu compañero, que es el cliente.

ALUMNO B

1. Eres el camarero del restaurante *La Buena Mesa*. Atiende a tu compañero, que es el cliente.
2. Estás en el restaurante *La Buena Mesa*.
   - Pide una bebida, un primer plato, un segundo plato y un postre.
   - Pide otra bebida igual a la primera.
   - Pide la cuenta.

11. Christine no sabe qué hacer. Observa las viñetas y elige la opción que creas más adecuada, pero ¡atención!: puede haber varias respuestas correctas.

INFORMACIÓN FUNCIONAL Y GRAMATICAL

Para llamar al camarero

Camarero, por favor...
Por favor...

Para pedir en un bar

Yo (quiero / voy a tomar)...
Para mí...

Para pedir en un restaurante

Yo (quiero / voy a tomar), de primero / de segundo...
Para mí, de primero / de segundo...
De postre tráigame...

Para pedir información sobre la comida

¿Qué lleva la ensalada de la casa?
¿Cómo es el bacalao al pil-pil?
¿El filete lleva guarnición?

Para pedir algo por primera vez

*Por favor, ¿nos trae **una** botella de vino?*
*Por favor, ¿nos trae **un poco de** pan?*

Para pedir algo por segunda vez

*Por favor, ¿nos trae **otra** botella de vino?*
*Por favor, ¿nos trae **un poco más de** pan?*

Para pedir la cuenta

Camarero, ¿nos trae la cuenta, por favor?
La cuenta, por favor.

Por favor, ¿me trae la cuenta?

Para valorar una comida

Muy + adj. / adv.
*La sopa está **muy caliente**.*
*En este bar cocinan **muy bien**.*

Mucho/-a + sust. no contable
*La ensalada tiene **mucho** aceite y **mucha** sal.*

Demasiado + adj.
*La sopa está **demasiado** caliente.*

Demasiado/-a + sust. no contable
*La ensalada tiene **demasiada** sal.*

diecinueve **19**

Lección 3 ¿Cómo es tu casa?

- Describir la vivienda y sus habitaciones.
- Expresar existencia y ubicación (I).
- Establecer comparaciones (I).

1. Lee el siguiente texto.

....

....

....

Ernesto y Gloria tienen tres hijos. Viven en un piso de tres habitaciones en la última planta de un edificio de un barrio residencial, pero les resulta pequeño y han decidido cambiar de casa. Ernesto quiere un gran ático en el centro de la ciudad y Gloria, una casa en la montaña, entre árboles; Ramón, su hijo mayor, una buhardilla para él solo y Lucía y Carlitos, los más pequeños, no lo tienen muy claro. Ernesto es abogado y tiene su despacho en un pequeño apartamento en un bloque del casco antiguo; Gloria trabaja en la 15.ª planta de un rascacielos situado en la zona empresarial de la ciudad, un poco lejos de casa. Al final han decidido comprarse un chalé adosado en una urbanización a las afueras de la ciudad. Ya tienen las llaves y el mes que viene hacen la mudanza.

....

....

....

....

■ Ahora escribe debajo de cada foto el tipo de vivienda que ilustra.

2. Escucha la descripción del chalé de Ernesto y Gloria y anota el nombre de las distintas partes de la casa.

Planta baja: ....
....

1.ª planta: ....
....

2.ª planta: ....

20 veinte

3. Ha pasado un mes y Ernesto y Gloria ya han hecho la mudanza. Escribe la palabra correspondiente en cada recuadro.

en el salón-comedor hay un...

4. Todas estas frases se refieren al dormitorio de Ernesto y Gloria. Fíjate en los elementos que expresan lugar.

el armario está en...

1. La cama está entre las dos mesillas.
2. La lámpara está sobre o encima de la mesilla.
3. La ropa está en o dentro de los cajones.
4. La ventana está a la izquierda del armario.
5. La ventana está detrás del espejo.
6. El armario está a la derecha de la cama.

■ Ahora, indica tú dónde están...

los cuadros .... el horno ....

el lavabo .... el espejo del baño ....

la mesita baja .... el retrete ....

veintiuna **21**

5. Gloria le ha enseñado el chalé a su amiga Lupe. Ahora Lupe se lo describe a su amiga Toñi. Escucha y comprueba si Lupe tiene buena memoria.

Salón: ....
....

Dormitorio: ....
....

Baño: ....

6. Pregunta a tu compañero si en su dibujo están los objetos del recuadro y, si es así, pregúntale dónde están.

- florero
- libros
- cuadro
- reloj
- cojines
- alfombra
- figura de bailarina con los brazos en alto
- figura de bailarina con una pierna levantada
- foto de niño
- foto de mujer
- espejo
- televisión
- equipo de música con altavoces

–¿Hay algún...?
–Sí, hay uno.
–No, no hay ninguno.

Alumno A

Alumno B

■ ¿Qué diferencias hay entre las dos habitaciones?

22 veintidós

7. ¿Qué formas y tamaños tienen estas mesas y de qué materiales son?

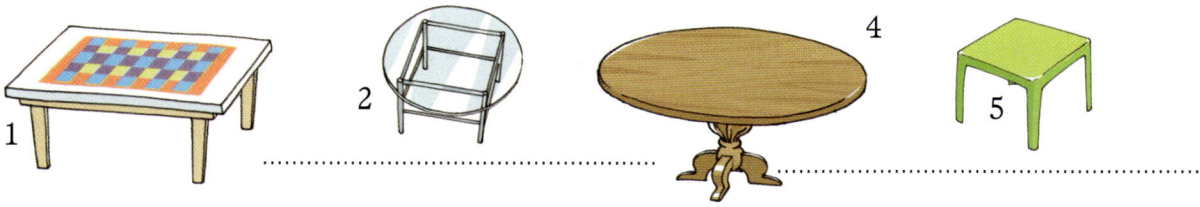

....

....

8. Adivina qué objetos son.   es (de)... / tiene... / está en... / sirve para...

1. Es de metal, está en la cocina y sirve para lavar la ropa: ....
2. Es de madera, de metal, de cristal..., tiene varias baldas y sirve para sostener libros, adornos...: ....
3. Es cuadrada o rectangular, está en la pared y sirve para que entre la luz: ....
4. Es de madera, plástico, cristal..., tiene patas, sirve para poner cosas encima y puede estar en cualquier habitación: ....

■ Piensa en un mueble o electrodoméstico y descríbeselo a tu compañero para que lo adivine.

9. Lee estos textos sobre los hijos de Ernesto y Gloria. Después, describe oralmente las habitaciones dibujadas. ¿De quién es cada una?

Ramón tiene 16 años. Practica yoga todos los días mientras escucha música para meditar. Siempre viste ropa oscura y el azul marino es su color preferido. Habla poco, pero le gusta escuchar a sus amigos.
Le gustan la literatura, la filosofía y la historia de las religiones.

Lucía tiene 13 años y su color favorito es el rosa. El colegio le aburre un poco, pero le encanta hablar con sus amigas de chicos, de famosos y de ropa, y pasa mucho tiempo probándose vestidos y mirándose al espejo. Se compra muchas revistas del corazón.

Carlitos tiene 10 años y le encantan los colores fuertes. Odia estudiar y en clase habla mucho con sus compañeros o lee tebeos a escondidas, por lo que los profesores se enfadan con él. Es muy divertido y le gusta gastar bromas.

....

veintitrés **23**

unidad 2

10. Completa las frases con el nombre adecuado.

> más que
> menos que
> tan / tanto como

- .... es más estudioso que Lucía.
- Lucía tiene 3 años más que ....
- Carlitos y Ramón son menos presumidos que ....
- Carlitos es tan hablador como ....
- Lucía es mayor que .... y menor que ....

■ ¿A qué equivale *mayor*? .... ¿Y *menor*? ....

Haz comparaciones utilizando los siguientes adjetivos y sustantivos.

> espiritual, trabajador, bromista, espejos, delgado, (pelo) largo, desordenado, libros

11. Todas las palabras del español de dos o más sílabas tienen una sílaba más fuerte que las demás. Divide estas palabras en sílabas y después marca la más fuerte.

sofá	lámpara	mesa	silla
armario	cocina	dormitorio	colchón
estantería	comedor	frigorífico	colcha

12. Escucha estas dos listas de palabras. No importa su significado, sólo su pronunciación. Subraya la sílaba más fuerte y podrás construir una frase con las sílabas fuertes de cada lista.

1. Mina, lacado, sábana, esta, pelusa, camisa, dominó, casaca
   ....

2. Rafael, merodear, camada, murió, este, cordero, Málaga, décimo, acalorada
   ....

13. Ernesto y Gloria están fuera de casa. Los chicos aprovechan para traer a los amigos. Observa los dibujos del ejercicio 9, escucha la audición y escribe el nombre de cada persona donde corresponda. Compara con tu compañero. Después, elige una habitación y describe dónde está cada uno.

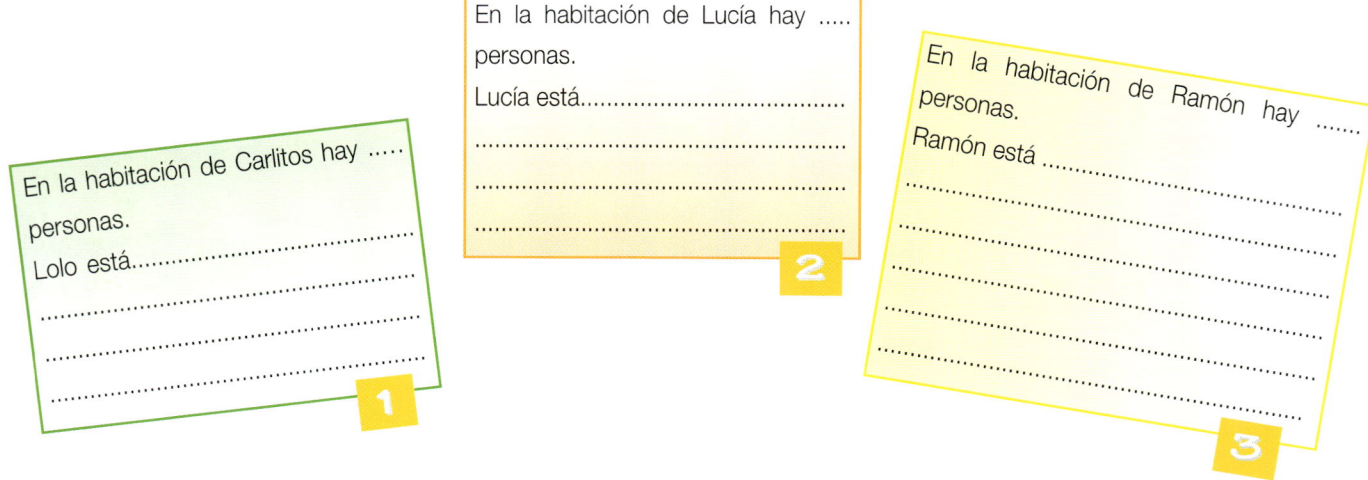

En la habitación de Carlitos hay ..... personas.
Lolo está..
....
....
1

En la habitación de Lucía hay ..... personas.
Lucía está..
....
....
2

En la habitación de Ramón hay ..... personas.
Ramón está..
....
....
3

14. Pregúntale a tu compañero qué hay y dónde están las cosas en su habitación e intenta dibujarla; él hará lo mismo después.

INFORMACIÓN FUNCIONAL Y GRAMATICAL

Para describir la vivienda

¿Qué tipo de casa es?
¿Cuántas habitaciones tiene?
¿Cómo son las habitaciones?
¿Qué hay en las habitaciones?
¿Dónde están las cosas?

Para expresar existencia

En... hay un, una, unos, unas
*   dos, tres...*   + sustantivo
*   muchos, pocos*

Para preguntar por la existencia

- ¿Hay algún, alguna...?
- Sí, hay uno en...
- No, no hay ninguno, ninguna.

Para expresar lugar

El, la, los, las... están en, sobre, delante de...

Expresiones de lugar

en = 'encima' y 'dentro'	delante de	al lado de
sobre o encima de	detrás de	a la izquierda
bajo o debajo de	entre	a la derecha

Comparaciones

De superioridad: *más* + adjetivo o sustantivo + *que*.
De inferioridad: *menos* + adjetivo o sustantivo + *que*.
De igualdad: *tan* + adjetivo + *como*.
            tanto / tanta / tantos / tantas + sustantivo + *como*.

Comparativos irregulares
mayor = *más grande o más viejo (edad)*.
menor = *más pequeño en tamaño o edad*.

Descripción de objetos

Ser + adjetivo (forma, color o tamaño).
Ser de + nombre de materia.
Estar + expresión de lugar.
Tener + sustantivo.
Servir para + infinitivo.

- Juan es **más estudioso que** María.
- Pedro es **tan estudioso como** Juan.

unidad 2

Lección 4 Tareas de la casa

- Repartirse las tareas de la casa.
- Expresar obligación (I).
- Pedir u ordenar.

1. ¿Sabes el nombre de estas tareas domésticas? Búscalo en la lista que tienes en el ejercicio 2.

....

....

2. Marca con una cruz qué persona o personas se encargan en tu casa de estas tareas.

	Madre	Padre	Hijas	Hijos	Otro
hacer la lista de la compra					
hacer la compra					
hacer la comida					
poner y quitar la mesa					
fregar los platos o poner el lavavajillas					
limpiar el polvo					
limpiar el baño					
barrer o pasar la aspiradora					
fregar el suelo					
poner la lavadora					
tender la ropa					
planchar la ropa					
sacar la basura					
cuidar las plantas o el jardín					
asistir a las reuniones de vecinos					
TOTAL*					

* Tareas diarias de más de media hora = 5 puntos; tareas diarias de menos de media hora = 4 p.; tareas que se realizan 1-3 veces por semana = 3 p.; tareas que se realizan 1 vez al mes o menos = 1 p.

■ ¿Crees que existe un reparto equitativo? ¿Por qué? ¿Qué miembro de la familia eres tú?

3. Escucha a estos tres amigos y completa el diálogo.

Sara: Carlos, perdona, pero este vaso que me has dado está ………………

Carlos: ¿Sucio? Bueno, está un poco sucio.

Sara: Mira, está …………………… ¿Qué pasa?, ¿no sabes fregar?

Carlos: Yo prefiero platos y vasos de plástico, que son …………………… y así no hay que fregar.

Raúl: Pues a mí fregar me parece ……………………

Carlos: ¡Sí, ……………………

Raúl: De verdad; me parece …………………… Limpiar el polvo o planchar es …………………… entretenido.

Sara: …………………… es cocinar.

Carlos: Sí, y ………………… Además, no sé cómo os pueden parecer divertidas esas cosas. Cualquier tarea doméstica es …………………… y odiosa.

Raúl: Bueno, yo prefiero la plancha, es ……………………, y si la ropa está un poco húmeda es ……………………

Sara: A mí planchar es …………………………… me gusta.

Carlos: Bueno, tranquilos, que tengo diversión para los dos: un delantal para ti, Sara, y la plancha para ti, Raúl.

> **superlativo absoluto**
> muy fácil = facil**ísimo**
>
> **superlativo relativo**
> la tarea más fácil
> la tarea que más me gusta
> lo más / menos fácil

4. Forma el superlativo en *-ísimo* de los siguientes adjetivos. Hay tres irregulares. Después, utiliza algunos de ellos para describir las imágenes.

caro → ……………………
baratas → ……………………
antigua → ……………………
limpio → ……………………
amable → ……………………
rápidos → ……………………
interesante → ……………………
tranquila → ……………………
jóvenes → ……………………

……………………

……………………

5. Puntúa estas tareas del 1 al 6 según a) la importancia, b) la dificultad, c) la frecuencia con que la realizas y d) el aburrimiento que te produce. Después responde a las preguntas.

	importancia	dificultad	frecuencia	aburrimiento
cocinar				
planchar la ropa				
limpiar el suelo				
hacer la cama				
limpiar la cocina				
limpiar el baño				

……………………

■ Ahora, habla con tu compañero y compara sus opciones con las tuyas.

– ¿Cuáles son las tareas que menos te gustan?
– ¿Cuál es la tarea que mejor sabes hacer?
– ¿Y cuál es la que peor haces?

6. Para realizar estas tareas se necesitan diferentes objetos. Escribe el nombre de los objetos y relaciónalos con la tareas.

BARRER ....

FREGAR ....

COCINAR ....

LAVAR ....

TENDER ....

PLANCHAR ....

7. Los Martínez han alquilado un piso en la playa y el primer día quieren hacer una limpieza general. Escucha la conversación y escribe qué cosas hay que hacer…

....
....
....
....
....
....
....

Obligación
hay que + infinitivo

8. Alfredo y sus dos hijos han hecho la compra. Cada uno trae una bolsa y ahora la madre, María, repasa la lista para comprobar que lo han comprado todo. En grupos de cuatro, representad el papel de cada uno según el ejemplo.

Pronombres CD

	Sing.	Plural
Masc.	lo	los
Fem.	la	las

Ej.:
María: ¿Quién tiene **la lejía**?
Lucas: **La** tengo yo.
María: ¿Y **los trapos** del polvo?
Alfredo: **Los** tengo yo.

María
lejía, servilletas, trapos de cocina, paquete de sal, lavavajillas, aceite, detergente, pan, pinzas, papel higiénico, huevos, fregona, estropajo, guantes, cebollas, patatas, tomates

Alfredo
trapos - detergente - cuchillos - fregona - huevos - tomates

Lucas (hijo)
lejía - lavavajillas - papel higiénico - estropajo - servilletas - aceite

Nuria (hija)
pinzas - guantes - paquete de sal - pan - aceite - patatas

9. Escucha la conversación y anota las tareas que hace cada uno.

María: ....
Alfredo: ....
Lucas: ....
Nuria: ....

28 veintiocho

10. Lee la conversación y subraya las frases que sirven para dar órdenes. Di a qué tipo de estructura corresponde cada una.

(1) Presente de indicativo en una oración interrogativa
(2) Imperativo
(3) A + infinitivo

María: Tenemos mucho que hacer, así que vamos a repartir las tareas. A ver, Lucas, ¿te encargas tú de las habitaciones? (…)
Lucas: Vale. ¿Qué hay que hacer?
María: Primero, haz las camas, después limpia el polvo y, por último, barre y friega el suelo (…). A ver, Nuria, ¿friegas tú los cacharros? (…)
Nuria: Jo, a mí siempre lo peor. Lucas, friégalos tú (…) y yo hago las camas.
Lucas: Ni hablar. Mamá me ha encargado a mí limpiar las habitaciones.

Nuria: Pues yo no quiero fregar.
María: Tranquila, que hay más tareas. ¿Planchas y colocas la ropa en los armarios? (…)
Nuria: Eso tampoco me gusta.
Alfredo: Bueno, basta ya, Nuria. Obedece a tu madre y friega los cacharros (…).
María: Alfredo, deshaz tú las maletas y plancha la ropa, ¿vale? (…) Yo me encargo del baño.
Alfredo: De acuerdo.
María: Pues hale, a trabajar (…) todo el mundo.

■ ¿Cuál es la forma más cortés de dar una orden? ……………………………………………………………

 ■ Vuelve a escuchar la conversación y fíjate en le entonación de los imperativos. ¿Son todos los casos iguales?
……………………………………………………………

11. Fíjate en los dibujos y escribe una nota a algún amigo para que vaya a tu casa y haga ciertas cosas. Usa el imperativo.

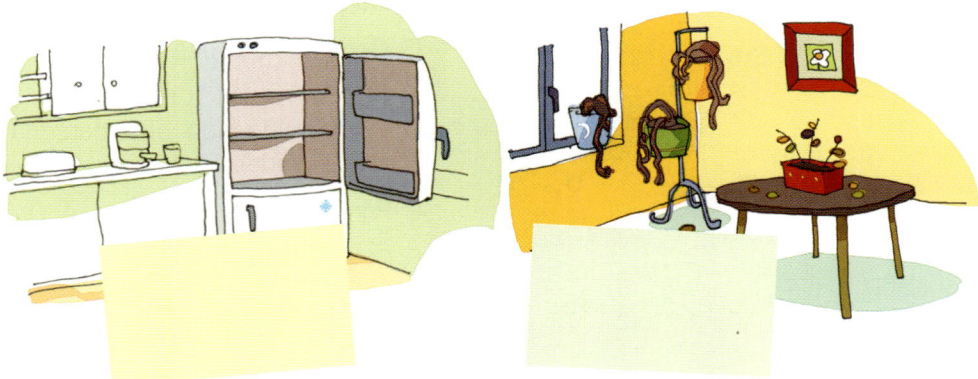

12. Completa estos diálogos con el imperativo y los pronombres necesarios. Después, escucha y comprueba.

[secar, tirar, limpiar, recoger, fregar, poner, sacar, quitar]

1. A: Carlos, cariño, …………… la basura, por favor.
   B: No puedo, estoy viendo una peli.
   A: El camión de la basura va a pasar dentro de poco, así que …………… ya.

2. A: ¿Te ayudo con los platos?
   B: Vale, gracias, …………… con un trapo.

3. A: Pero ¿cómo tienes la habitación tan desordenada?
   B: A mí me gusta así.
   A: …………… ahora mismo o no sales a la calle.

4. A: Yo me tengo que ir a trabajar y todo sin recoger.
   B: …………… la mesa y yo friego.
   A: Vale.

5. A: ¿Qué hago? ¿Te ayudo?
   B: Ay, sí, …………… la lavadora.

6. A: ¿Y ese olor? Tira los cigarrillos a la basura.
   B: ¿Qué cigarrillos?
   A: …………… inmediatamente.

veintinueve **29**

13. ¿Un terremoto? No, es una fiesta en la residencia universitaria. En grupos, haced una lista de las cosas que hay que hacer y después repartíos las tareas.

....
....
....
....
....
....

14. Mira esta tabla sobre el reparto de las tareas domésticas entre hombres y mujeres trabajadores elaborada por el Ministerio de Trabajo y Asuntos Sociales de España.

OCUPADOS, SEGÚN PERSONA QUE REALIZA LAS TAREAS DEL HOGAR, POR SEXO Y TAREAS

Distribución porcentual

	TOTAL	A	B	C	D	E	F	G	H
VARONES									
Cocinar	100,0	8,4	15,3	4,3	0,8	48,3	21,6	0,9	0,3
Limpiar la casa	100,0	6,9	16,4	5,1	1,4	46,3	20,7	2,8	0,4
Lavar ropa y planchar	100,0	7,0	8,9	4,1	1,1	53,9	22,1	2,5	0,4
Hacer la compra	100,0	9,8	26,6	6,0	1,2	36,7	18,9	0,6	0,3
Reparaciones del hogar	100,0	50,6	11,1	6,4	2,5	6,3	11,0	11,3	0,7
MUJERES									
Cocinar	100,0	51,6	12,8	14,3	1,7	2,2	15,9	1,4	0,1
Limpiar la casa	100,0	43,8	17,3	19,7	3,5	0,9	10,8	3,9	0,2
Lavar ropa y planchar	100,0	52,8	10,6	17,2	3,0	1,0	12,7	2,6	0,2
Hacer la compra	100,0	42,3	23,0	17,1	1,5	2,7	12,3	0,9	0,2
Reparaciones del hogar	100,0	16,7	10,8	9,1	1,6	22,9	18,2	19,7	0,9

A: Principalmente yo solo.
B: Compartido con mi pareja.
C: Comparto con otra persona de la familia.
D: Compartido con otra persona (remunerada).
E: Principalmente mi pareja.
F: Otra persona del hogar / familia.
G: Otra persona ajena al hogar (remunerada).
H: No sabe / No contesta.

Encuesta de Calidad de Vida en el Trabajo, 2003, www.mtas.es/Estadisticas/ecvt/Ecvt2003/IN6/tabla62.htm (texto adaptado)

■ ¿Qué conclusiones se pueden sacar de estos datos? Prepara en casa un breve informe escrito. Fíjate en los puntos A y E. ¿Qué observas? ¿Quién miente? ¿Crees que España se diferencia de los otros países de su entorno?

■ Lee este texto aparecido en la revista *Consumer.es*. ¿Cambia en algo tu opinión?

Los varones españoles se involucran más en la realización de las tareas domésticas en comparación con otros europeos, según pone de manifiesto el estudio New Domesticity sobre las tendencias y hábitos de consumo en la vida doméstica europea. El autor de este estudio, el sociólogo italiano Francesco Morace, que realizó la investigación en mujeres trabajadoras de entre 25 y 47 años de Italia, Francia, Inglaterra, Alemania, Polonia y España, asegura que, aunque en países como Alemania o Inglaterra aparentemente los papeles entre ambos sexos son más igualitarios que en España, se observa una menor participación en las tareas del hogar.

Morace explicó que España es el único país de los encuestados en el que la estancia favorita dentro de casa no es la cocina, sino el salón. Otra peculiaridad de los españoles, señaló el sociólogo, es que prefieren pasar su tiempo libre fuera de su domicilio.

Consumer.es, 14 de marzo de 2002 (texto adaptado)

INFORMACIÓN FUNCIONAL Y GRAMATICAL

■ Superlativo absoluto

Indica una cualidad en su grado máximo o mínimo.
muy + adjetivo o adverbio = adjetivo o adverbio acabado en *-ísimo*
muy grande = grandísimo
muy lejos = lejísimos
muy pequeño = pequeñísimo

Algunos adjetivos y adverbios que ya poseen un valor de superioridad no permiten el grado superlativo:

*muy estupendo, *estupendísimo
*muy maravilloso, *maravillosísimo
*muy horrible, *horribilísimo
*muy espantoso, *espantosísimo

■ Superlativo relativo

Indica el grado mayor o menor dentro de un conjunto

1. • artículo *(el, la, los, las)* + sustantivo + *más / menos* + adjetivo de…
     La tarea más pesada de todas es…

   • artículo *(el, la, los, las)* + sustantivo + oración de relativo: *que más / menos* + verbo
     La tarea que menos me gusta es…

2. • artículo neutro *lo* + *más / menos* + adjetivo (masculino singular)
     Lo más pesado es…

   • artículo neutro *lo* + *que más / menos* + verbo
     Lo que menos interesa es…

■ Expresar obligación

Para generalizar, sin referirse a nadie en concreto: *hay que* + infinitivo.

■ Expresar petición u orden

Mediante la pregunta en presente (cortés):
¿Me ayudas?

Mediante el imperativo (más o menos cortés según la entonación y el contexto):
Ayúdame.

■ Imperativo de tú

La forma coincide con el presente de la tercera persona del singular:
quita…
baja…
saca…
recoge…

Irregulares
poner — **pon**
hacer — **haz**
salir — **sal**
tener — **ten**
decir — **di**

■ Pronombres personales de complemento directo

Sustituyen a un sustantivo determinado nombrado antes o presente en el contexto. Se colocan delante del verbo conjugado, pero detrás del imperativo y del infinitivo.

–¿Me **lo** das?
–Sí, dáme**lo**.
–¿Hay que planchar la ropa?
–Sí, hay que panchar**la**.

	Singular	Plural
Masc.	lo	los
Fem.	la	las

treinta y una **31**

Lección 5 Mi ciudad

- Describir una ciudad.
- Expresar opinión (II).
- Expresar necesidad y finalidad.
- Expresar obligación (II).

1. ¿Sabes de qué lugares de España o Latinoamérica se trata?

   1. Destacan en ella las construcciones de Gaudí. ....
   2. Es la capital más alta del mundo, a más de 3.600 metros de altura. ....
   3. La Giralda y la Torre del Oro son dos de sus monumentos más representativos. ....
   4. La Plaza de Mayo con su obelisco y la Casa Rosada son símbolos de esta ciudad. ....
   5. Capital del Caribe, famosa, entre otras cosas, por su puerto, su ron y sus sones. ....
   6. Estos restos arqueológicos constituyen la ciudad inca más importante. ....

   ▌ Ahora, relaciona las imágenes y el texto. ¡Cuidado! Hay una intrusa.

2. En parejas, hablad de estas ciudades: cómo son, qué hay en ellas… Utilizad algunas de estas palabras.

| moderno | tranquilo | antiguo | centros comerciales | industrias | monumentos |
| zonas verdes | puerto | tráfico | campo | agricultura | oferta cultural |

32 treinta y dos

3. Copia las palabras en el lugar que corresponda según su sílaba tónica.

(-) ´ - -
(-) ´ -
(-) - ´

🎧 Escucha y comprueba.

4. Completa este diálogo con las palabras anteriores.

PABLO: Para mí lo ideal es vivir en un lugar tranquilo, lejos del .... y los ruidos de la gran .... Mi sueño es irme a vivir a un .... pequeño, cerca de la montaña.

OLGA: Mira, en mi ...., el tipo de vida que a ti te gusta no es tranquila, es ....

ENRIQUE: Yo también lo pienso. ¿Qué puedes hacer un fin de semana en un pueblo? A mí me gusta ir de ...., ver tiendas, gente por la calle, salir al cine...

BLANCA: No estoy de acuerdo. La .... no es aburrida, y la paz .... que tienen las personas de los pueblos no la tienen los que viven en la ciudad.

ELENA: Yo creo que no es solo .... de aburrimiento o no aburrimiento, ¿qué ocurre si tienes un .... o te pones enfermo? El .... más cercano puede estar a 50 km.

CÉSAR: En el campo la gente tiene muchas menos enfermedades que en la ciudad, y allí desconocen los graves problemas de la ciudad, como la ....

PABLO: Yo también creo que muchas enfermedades se deben al .... de las grandes ciudades.

ELENA: Yo no lo creo. Las enfermedades son distintas, nada más.

BLANCA: Pues César y yo, aunque nos gusta nuestra ciudad, estamos pensando en cambiar de vida.

OLGA: Ah, ¿sí?, ¿y de qué vais a vivir? Me parece que en los pueblos no necesitan muchos .... ni ...., así que tenéis que buscar otras profesiones.

CÉSAR: Sí. Una buena opción de trabajo son los cultivos ...., que están muy de moda.

🎧 Escucha y comprueba.

¿Quiénes están a favor de vivir en un pueblo?
....
¿Y en la ciudad? ....

¿Qué expresiones emplean para introducir su opinión?
....
....

¿Y para mostrar acuerdo?
....
....

¿Y desacuerdo?
....

5. Completa el cuadro.

	PUEBLO		CIUDAD	
	cosas buenas	cosas malas	cosas buenas	cosas malas
Pablo				
Olga				
Enrique				
Blanca				
Elena				
César				

treinta y tres **33**

6. Lee la noticia que César y Blanca han visto publicada en el periódico.

El pueblo de Almendralejos de Arriba, en la provincia de Burgos, se está quedando vacío

Los jóvenes no quieren continuar los trabajos agrícolas y ganaderos de sus padres y se van a la ciudad para estudiar y trabajar en cosas que les gustan más.

Para evitar esta situación y atraer a la gente joven, el Ayuntamiento ha decidido regalar las casas abandonadas a parejas o familias que quieran vivir en Almendralejos.

Hay que cumplir requisitos muy sencillos, y los elegidos tienen que aceptar una serie de obligaciones. Para más información, pueden dirigirse al Ayuntamiento de Almendralejos de Arriba.

■ César llama por teléfono para pedir más información. Escucha la conversación y marca los requisitos y obligaciones correctos.

> **Obligación o necesidad de hacer cosas**
> • *Hay que* + infinitivo (impersonal)
> • *Tener que* + infinitivo (personal)

Requisitos:

hay que ser una familia con hijos ....
hay que ser menor de 45 años ....
hay que tener ahorros ....

Obligaciones:

hay que firmar un contrato ....
hay que empadronarse en el pueblo ....
hay que arreglar la casa ....
hay que vivir en la casa todo el año ....

■ Convierte los requisitos y obligaciones en oraciones personales. Fíjate en el ejemplo.

Los interesados tienen que…/ Los elegidos tienen que…

7. Esta es la casa que les ha correspondido a César y Blanca. Haced una lista de los arreglos que necesita; después, decid qué tienen que hacer César y Blanca para solucionarlos. Fijaos en los ejemplos.

Hay que poner el cristal de una ventana → *Tienen que* llamar a un cristalero.

8. César y Blanca van a ponerse manos a la obra. Conjuga los verbos y ayúdalos a hacer la lista de lo que necesitan. Fíjate en los dibujos.

> **Necesidad de cosas**
> Necesitar / hacer falta
> (Yo) Necesito varias cosas
> Me hacen falta varias cosas
>
> **Finalidad**
> Para + infinitivo.

1. Para arreglar el tejado *(necesitar)*
   ....
2. Para pintar las paredes *(hacer falta)*
   ....
3. Para arreglar la ventana *(necesitar)*
   ....
4. Para amueblar el salón *(necesitar)*
   ....
5. Para tener luz en la casa les *(hacer falta)*
   ....
6. Para poder cocinar en casa les *(hacer falta)*
   ....
7. Para poder comer en casa *(necesitar)*
   ....
8. Para poder dormir en casa les *(hacer falta)*
   ....

9. César es un poco caprichoso y en su lista ha incluido algunas cosas que quiere, pero que no necesita realmente. Ayúdalo a diferenciar.

[proyector de cine, vasos, bombones, copas de champán, sartenes, sofá, sillón de masaje, secador de pelo, lavadora, secadora, felpudo, alfombra persa, lámparas de diseño, un cuadro de Picasso, ordenador, televisor]

César necesita...
....
....
....

César quiere...
....
....
....
....

10. Habla con tu compañero de las mejoras que necesita la casa en la que vive.

treinta y cinco **35**

unidad 3

11. Lee el texto.

> Grandiópolis es la capital de un país imaginario. Durante muchos años, la gente de los pueblos y pequeñas ciudades ha ido a Grandiópolis a buscar trabajo, y ahora la capital está superpoblada, la vivienda es muy cara y la gente que llega ya no puede vivir allí. Las autoridades han decidido construir una nueva ciudad residencial a unos 30 km de la capital y han abierto un concurso público de proyectos.
>
> La nueva ciudad tiene que acoger a unas 20.000 personas, la mayoría familias con uno o dos niños.
>
> El presupuesto para las viviendas está cerrado, y es necesario decidir qué servicios va a tener la ciudad ya que se cuenta con una cantidad de dinero insuficiente. Con el tiempo esperan que las inversiones generen ingresos para reinvertir en el beneficio de la ciudad.

■ En grupos, decidid qué inversiones vais a hacer teniendo en cuenta que disponéis de 2.000 millones. Después, defenderéis vuestro presupuesto frente a los otros grupos.

- carreteras a la capital o a otras ciudades importantes (600)
- escuelas (100)
- guarderías (75)
- institutos (100)
- universidad (400)
- ambulatorios (150)
- hospitales (350)
- bancos o cajas de ahorro (60)
- correos (75)
- comisarías (100)
- parques de bomberos (120)
- contenedores y servicios de limpieza (100)
- cementerios (75)
- bibliotecas (20)
- parques y zonas verdes (70)
- instalaciones deportivas o polideportivos (200)
- iglesias (40)

- aparcamientos (30)
- servicio de autobuses urbanos (125)
- servicio de autobuses interurbarnos (200)
- créditos a bajo interés para:
  - tiendas (10)
  - supermercados (25)
  - centro comerciales (150)
  - restaurantes (15)
  - bares (10)
  - discotecas (20)
  - cines (20)
  - teatros (25)
  - hoteles (30)
  - colegios privados (40)
  - institutos privados (40)
  - clínicas privadas (150)

(Las cantidades entre paréntesis expresan millones y son por unidad)

■ Primero, escuchad algunas opiniones. ¿Qué razones dan? ¿Qué defiende cada uno?

A: Hay que construir una guardería y una escuela.
B: Pues nosotros creemos que hacen falta varias guarderías, porque hay muchos niños pequeños y sus padres trabajan.
C: Lo más importante es invertir en mejorar la carretera a Grandiópolis, porque todo el mundo trabaja allí.
D: Yo creo que hay que invertir mucho dinero en comercio, en restaurantes y locales de espectáculos para atraer a la gente.
E: Nosotros pensamos que la ciudad necesita, sobre todo, servicios de educación y salud.
F: Las autoridades tienen que fomentar la inversión privada, porque es una forma de gastar menos dinero.
G: No estamos de acuerdo; los servicios tienen que ser públicos y gratuitos. La gente paga impuestos para recibir a cambio buenos servicios gratuitos.

INFORMACIÓN FUNCIONAL Y GRAMATICAL

Expresar opinión

Yo creo que...
Me parece que...
Para mí...
En mi opinión...

Coincidencia de opiniones
Yo también lo pienso / yo también pienso que...
Yo también lo creo / yo también creo que...

Desacuerdo de opiniones
Yo no estoy de acuerdo.
Yo no lo creo.

Expresar obligación o necesidad de hacer cosas

- **impersonal (sin sujeto), para generalizar**

Hay que + infinitivo.
Hay que arreglar la casa.

- **personal (con sujeto), referido a alguien en concreto**

(Sujeto) + *tener que* + infinitivo.
Tenemos que arreglar la casa.

- **personal (con sujeto), referido a alguien en concreto con valor de necesidad**

(Sujeto) + *necesitar* + infinitivo.
Necesito comer algo.

Expresar necesidad de cosas

(Sujeto) + *necesitar* + CD
Necesito varias cosas.

CI + *hacer falta* + sujeto
Me hacen falta varias cosas.

Recuerda que el verbo siempre concuerda con el sujeto, aunque este vaya detrás.

Expresar necesidad / expresar deseo

Necesitar	Querer
Necesito 2 euros.	*Quiero mucho dinero.*

Expresar finalidad

Para + infinitivo

Necesito comprar comida.

treinta y siete **37**

unidad 3

Lección 6 Mi barrio

- Expresar existencia y ubicación (II).
- Preguntar por un lugar.
- Dar instrucciones para llegar a un lugar.

1. Escucha los anuncios radiofónicos y completa el cuadro.

1
Tipo de comercio o servicio: ....
Nombre: ....
Dirección: ....
¿Tú o usted?: ....

2
Tipo de comercio o servicio: ....
Nombre: ....
Dirección: ....
¿Tú o usted?: ....

3
Tipo de comercio o servicio: ....
Nombre: ....
Dirección: ....
¿Tú o usted?: ....

4
Tipo de comercio o servicio: ....
Nombre: ....
Dirección: ....
¿Tú o usted?: ....

5
Tipo de comercio o servicio: ....
Nombre: ....
Dirección: ....
¿Tú o usted?: ....

6
Tipo de comercio o servicio: ....
Nombre: ....
Dirección: ....
¿Tú o usted?: ....

7
Tipo de comercio o servicio: ....
Nombre: ....
Dirección: ....
¿Tú o usted?: ....

8
Tipo de comercio o servicio: ....
Nombre: ....
Dirección: ....
¿Tú o usted?: ....

9
Tipo de comercio o servicio: ....
Nombre: ....
Dirección: ....
¿Tú o usted?: ....

10
Tipo de comercio o servicio: ....
Nombre: ....
Dirección: ....
¿Tú o usted?: ....

2. Localiza los comercios y servicios anteriores en el plano.

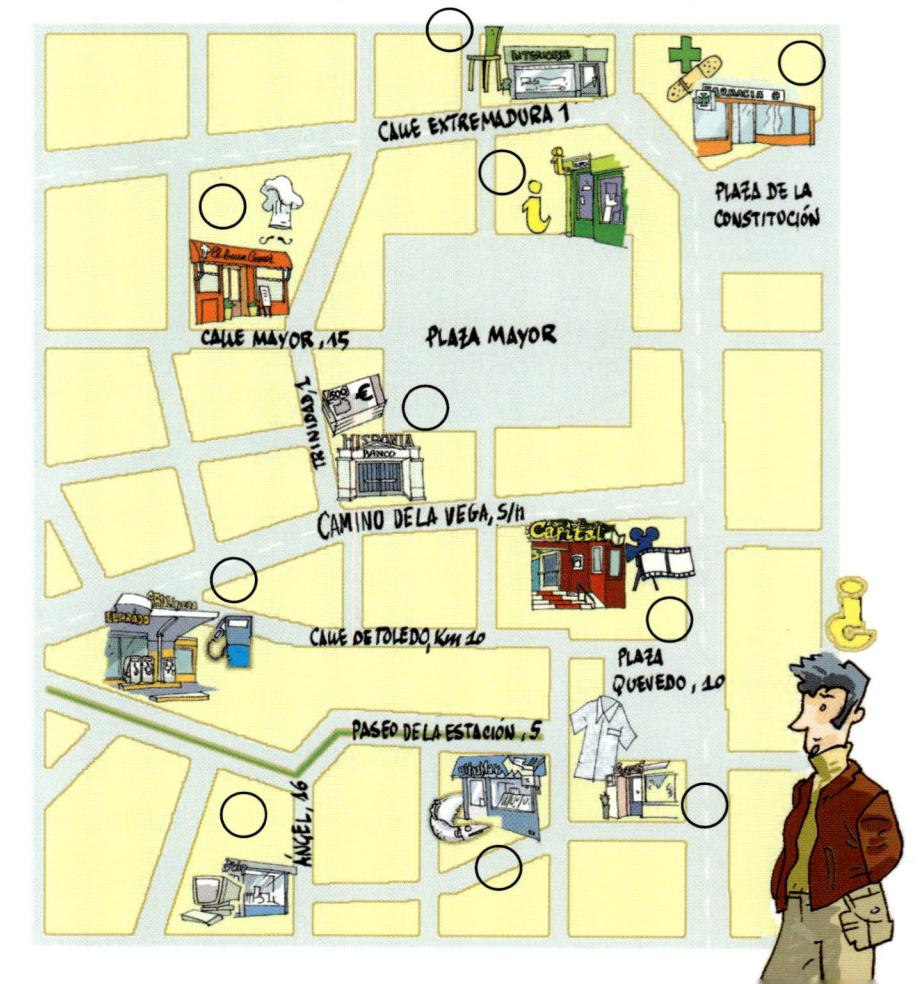

38 treinta y ocho

3. ¿Cuántos establecimientos o servicios públicos puedes identificar? ¿En qué zona están?

Hay un...
El .... está ...

Hay un aeropuerto → El aeropuerto está al sur de la ciudad.
Hay varios bancos → Los bancos están en el centro.

....
....
....
....
....
....
....
....

4. ¿Sabes cómo se llaman estos productos?

Coloca los productos anteriores en los establecimientos correspondientes.

papelería	estanco	droguería	pastelería	farmacia	ultramarinos

¿Te ha sobrado alguno? ¿Cómo se llama la tienda donde se compra?

....
....

treinta y nueve **39**

5. Enrique y Laura son nuevos en el barrio y tienen que preguntar dónde están las tiendas que buscan. Primero, relaciona los dibujos y las indicaciones.

> **1.** a la izquierda, **2.** todo recto, **3.** a la derecha, **4.** cruzar, **5.** al final, **6.** al comienzo, **7.** en frente de, **8.** en la esquina.

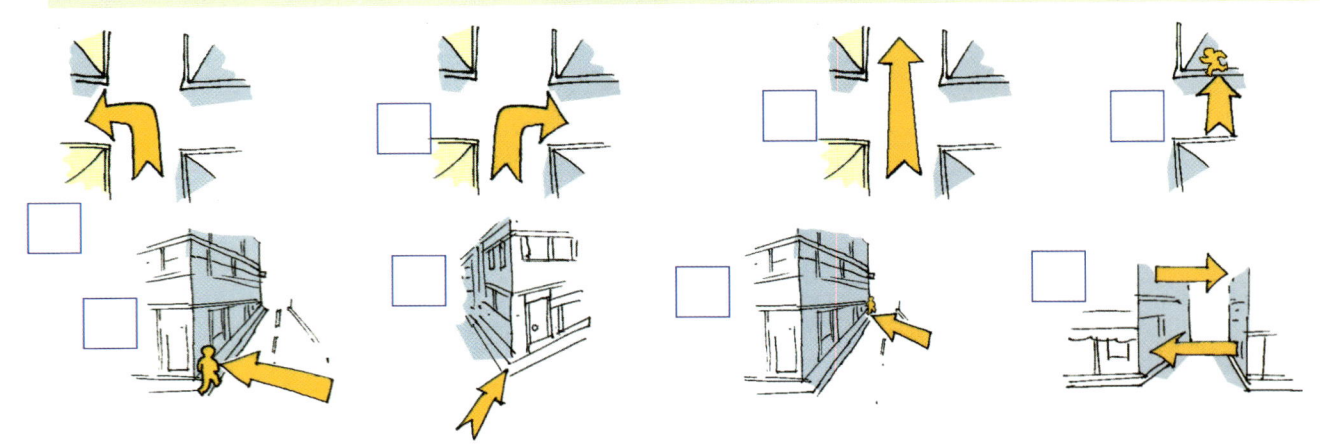

6. Escucha cómo preguntan por algunas direcciones y establecimientos a un joven vecino. Completa el diálogo con las palabras que faltan.

Enrique: Hola, buenos días. Perdona, ¿la calle Nebrija, por favor? Creo que hay una oficina del Banco Hispania.

Vecino: ¿La calle Nebrija? Lo siento, no lo sé.

E: ¿Y hay algún cajero automático por aquí cerca?

V: Hay uno en la calle Cisneros, a unos 10 minutos ……………… Mira, al salir del portal sigue ………. ……… hacia la izquierda…………… de la calle llegas a una plaza, crúzala y toma la calle que va hacia la derecha. El Banco está en la acera de …… ………………

E: Muy bien, gracias. ¿Y hay una ferretería por aquí?

V: Hay una muy cerca. Sal a la ………………………… y después tuerce la segunda a la izquierda. La ferretería está en la ………………………… siguiente.

E: Pues muchas gracias.

V: De nada, hombre.

Laura: Perdona, también necesitamos una droguería. ¿Sabes dónde está la más cercana?

V: No hay ninguna droguería, pero tenéis un supermercado aquí detrás.

L: Ah, estupendo, porque también tenemos que comprar algo de comida.

V: Pues da la vuelta por la calle de la izquierda y después …………………………… a la derecha.

L: Muchas gracias.

V: De nada. Y bienvenidos al barrio.

7. En el diálogo se tratan de tú. Vas a oírlo otra vez con el tratamiento de usted. Completa el cuadro de los imperativos.

Infinitivo	Imperativo de tú	Imperativo de usted
perdonar	*perdona*	*perdone*
mirar	………………………	………………………
salir	………………………	………………………
torcer	………………………	………………………
cruzar	………………………	………………………
dar	………………………	………………………
tomar	………………………	………………………
seguir	………………………	………………………

8. Ahora marca los itinerarios en el plano y señala los lugares: el banco, la ferretería y el supermercado.

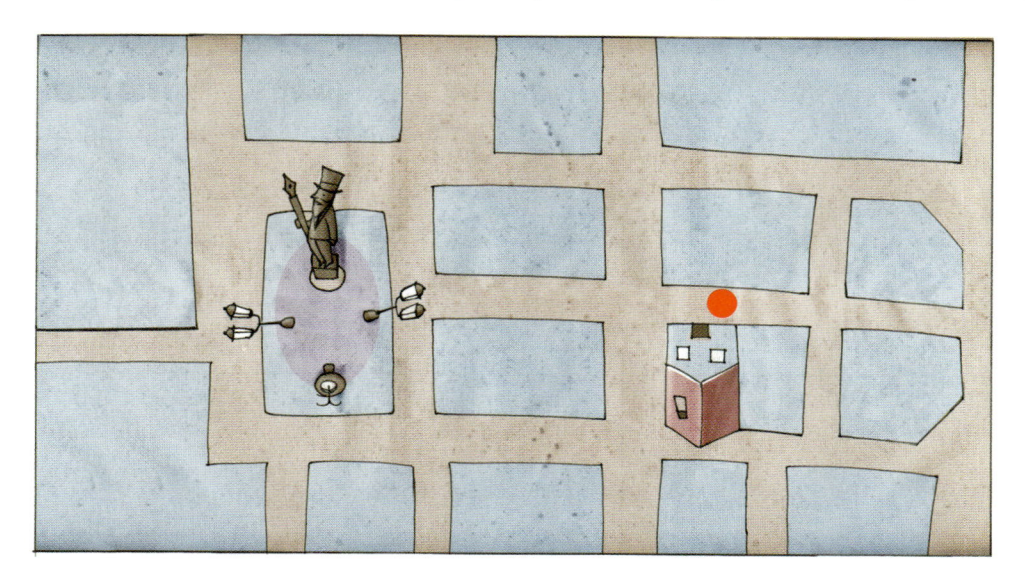

9. Observa el plano. Hay cuatro recorridos marcados que van a la Plaza Mayor de Zamora. Escucha las indicaciones y relaciónalas con cada trayecto.

■ Estáis en la Plaza Mayor de Zamora. Piensa en otro punto del plano y dale a tu compañero las indicaciones para llegar a él.

10. Elegid uno de estos personajes y practicad la indicación de direcciones con pequeños diálogos. Según los personajes, emplearéis *tú* o *usted*.

Alumno A

Marca estos lugares en el plano y responde a tu compañero cuando te pregunte. Cambia de personaje cada vez:
1. la calle Venecia
2. un quiosco
3. una parada de autobús

Pregunta a tu compañero por estos lugares y márcalos en el plano:
1. una cabina de teléfono
2. la calle Juan Ruiz
3. un buzón

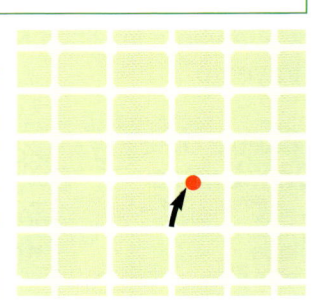

Alumno B

Marca estos lugares en el plano y responde a tu compañero cuando te pregunte. Cambia de personaje cada vez:
1. una cabina de teléfono
2. la calle Juan Ruiz
3. un buzón

Pregunta a tu compañero por estos lugares y márcalos en el plano:
1. la calle Venecia
2. un quiosco
3. una parada de autobús

11. En las ciudades españolas aún hay tiendas pequeñas, aunque cada vez hay más centros comerciales a las afueras. Lee estas opiniones y completa el cuadro.

a) A mí me gusta tenerlo todo cerca, en el barrio. Odio coger el coche para ir a comprar. Si necesito alguna cosa, bajo a la tienda de la esquina.

b) Yo trabajo toda la semana, y cuando salgo del trabajo las tiendas ya están cerradas; las grandes superficies tienen un horario mucho más amplio. Además, en una sola tarde puedes comprar todo lo que necesitas: la comida para la semana, ropa, zapatos... sin salir del centro comercial. Incluso en muchos puedes cenar o ir al cine.

c) A mí me gusta el trato personal, ir a los sitios donde me conocen porque saben lo que me gusta y me pueden aconsejar. Eso sólo ocurre en las tiendas pequeñas. En los centros comerciales todo es impersonal. Todos son iguales y tienen las mismas cosas. Después te das cuenta de que has comprado lo mismo que el vecino.

d) Para mí lo mejor de las grandes superficies es que puedes cambiar lo que has comprado por cualquier otra cosa que vendan allí.

	¿Qué comercio prefiere?	¿Por qué?
a		
b		
c		
d		

■ Y tú, ¿qué opinas? Habla con tu compañero y añadid alguna razón más a favor de uno u otro tipo de comercio. ¿Cómo es en tu país?

INFORMACIÓN FUNCIONAL Y GRAMATICAL

Preguntar por un lugar

- Conocemos el nombre del lugar o sabemos que existe:
  ¿La calle Nebrija, por favor?
  ¿Dónde está el Ayuntamiento, por favor?

- No sabemos si existe el lugar:
  -¿Hay un / algún + sustantivo por aquí?
  - Sí, hay uno...
  - No, no hay ninguno.

¿La calle Lope de Vega, por favor?

Siga recto y tome la primera calle a la derecha.

Dar instrucciones para llegar a un lugar

Imperativo + indicación:

Tome la primera (segunda, tercera...) calle...
Tuerza a la derecha (de) / a la izquierda (de)...

Otras expresiones para indicar un lugar

al lado de...
al comienzo de / al final de...
delante de / detrás de...
enfrente de...
de enfrente...
en la esquina de...

Imperativo

El imperativo para dar indicaciones o instrucciones no es descortés y es muy común en el español de España.

	Tú	Usted
perdonar	perdona	perdone
mirar	mira	mire
salir	sal	salga
coger	coge	coja
torcer	tuerce	tuerza
cruzar	cruza	cruce
dar	da	dé
tomar	toma	tome
seguir	sigue	siga

cuarenta y tres **43**

Lección 7: Hoy he empezado a trabajar

unidad 4

- Hablar de acontecimientos del pasado reciente (I).
- Hablar de acciones personales.
- Contrastar acciones acabadas en un pasado reciente con otras que continúan en el presente.

1. Antonio está buscando trabajo. Lee su carta de presentación.

> Estimados señores:
>
> Les escribo en relación con su anuncio, por el que solicitan un Técnico informático.
>
> He estudiado Informática en la Universidad de Alicante, estudios que he finalizado hace seis meses. He realizado prácticas en diferentes empresas, tanto en multinacionales como en pequeñas empresas. He hecho varios cursos de especialización organizados por la Universidad de Alicante. En estos momentos, doy clases de informática para niños en la academia Multimatic.
>
> Les adjunto CV detallado.
>
> En espera de sus noticias, se despide atentamente,
>
> Fdo.: Antonio Mejías

■ Marca en la carta las siguientes cuestiones:

Perfil que requiere la empresa / Formación académica / Experiencia profesional / Ocupación actual

2. Completa con el término adecuado.

> fábrica, importación, almacén, compras

1. He hablado con el jefe de personal y me ha dicho que buscan a alguien para el ....
2. Mi hermano ha trabajado mucho tiempo en una .... de muebles.
3. Esta empresa se dedica desde hace años a la .... de vinos.
4. Carmen trabaja en la sección de ....: hace los pedidos de materiales.

3. ¿Con qué sección o departamento de una empresa relacionarías a estas personas?

a) Ventas
b) Producción
c) Dirección
d) Publicidad
e) Atención al cliente

4. Escribe los verbos en pretérito perfecto que aparecen en la carta inicial. ¿Cuáles son sus infinitivos?

....
....

■ Y tú, ¿qué cosas has hecho en los últimos seis meses? Cuéntaselo a tu compañero.

5. Escucha el relato y escribe las formas de participio que oigas. Subraya las formas irregulares y escribe sus infinitivos.

....
....
....

Pretérito perfecto

he
has
ha
hemos
habéis
han

+ participio del verbo (ado/-ido)

He estudi**ado** Informática.

6. Observa los dibujos y cuenta lo que han hecho hoy los personajes. Pon un título a cada historia.

1. ....
....

2. ....
....

cuarenta y cinco **45**

7. Ahora te toca a ti. Escribe lo que crees que han hecho estas personas.

Hoy
....
....

Este mes
....
....

Marcadores temporales de pretérito perfecto
Hoy
Esta mañana / esta semana
Este mes / este año
Últimamente
Recientemente
Hace poco
Hace un rato

Esta semana
....
....

Últimamente
....
....
....

Este año
....
....

Hace poco
....
....
....

8. Habla con tu compañero y poneos de acuerdo en qué dos cosas habéis coincidido…

| esta mañana | esta semana | últimamente | hace un rato |

9. Estas son las tareas que le han encargado a Antonio para su primera semana. Explica qué ha hecho ya y qué no ha hecho todavía.

✓ Diseñar la página web.
Reunión con el jefe del Dpto.
✓ Comprar una impresora.
✓ Escribir a los clientes.
Exponer al equipo el plan de trabajo.
Hacer un informe.

Ya
....
....
....

Todavía no
....
....
....

46   cuarenta y seis

10. ¿Qué crees que han hecho ya en sus vidas estas personas? ¿Y qué no han hecho todavía?

11. Es la hora del café. Antonio ha salido con sus compañeros a desayunar. Escucha y completa.

Antonio: Carlos, y tú, ¿cuánto tiempo ………… aquí?
Carlos: Yo ………… sólo dos meses. También soy nuevo.
Antonio: Y tú, Guillermo, ¿desde cuándo estás aquí?
Guillermo: ………………… tres años.
Antonio: Otra cosa: ¿desde cuándo funciona esta empresa?
Carlos: ………………… 10 años.
Guillermo: Y tú, Antonio, ¿cuánto tiempo ……………… como informático?
Antonio: Es mi primer trabajo como informático. He terminado los estudios ……………… seis meses.

Ahora completa esta ficha.

> Presente + ………………… + cantidad de tiempo
> *La empresa funciona desde hace diez años.*
>
> Pretérito perfecto + ………… + cantidad de tiempo
> *He terminado mis estudios hace dos meses.*
>
> ………… + cantidad de tiempo
> *Llevo dos meses en esta empresa.*

12. Haz este cuestionario a tu compañero y toma nota de sus respuestas.

¿En cuántos institutos has estudiado?
¿En cuántas empresas has trabajado?
¿Cuál es el último viaje que has hecho?
¿Cuántos correos has escrito esta semana? ¿Y cartas?
¿Desde cuándo estudias español?
¿Cuánto tiempo hace que has leído tu último libro?
¿Qué es lo que todavía no has hecho?
¿Qué es lo que siempre has querido hacer y ya has hecho?

Por sus respuestas, yo creo que mi compañero es ………………………………………………………
……
……

cuarenta y siete **47**

13. ¿Qué sabes de Correos? ¿Qué servicios puede ofrecerte? Lee la información que aparece en su página web y contesta a las preguntas.

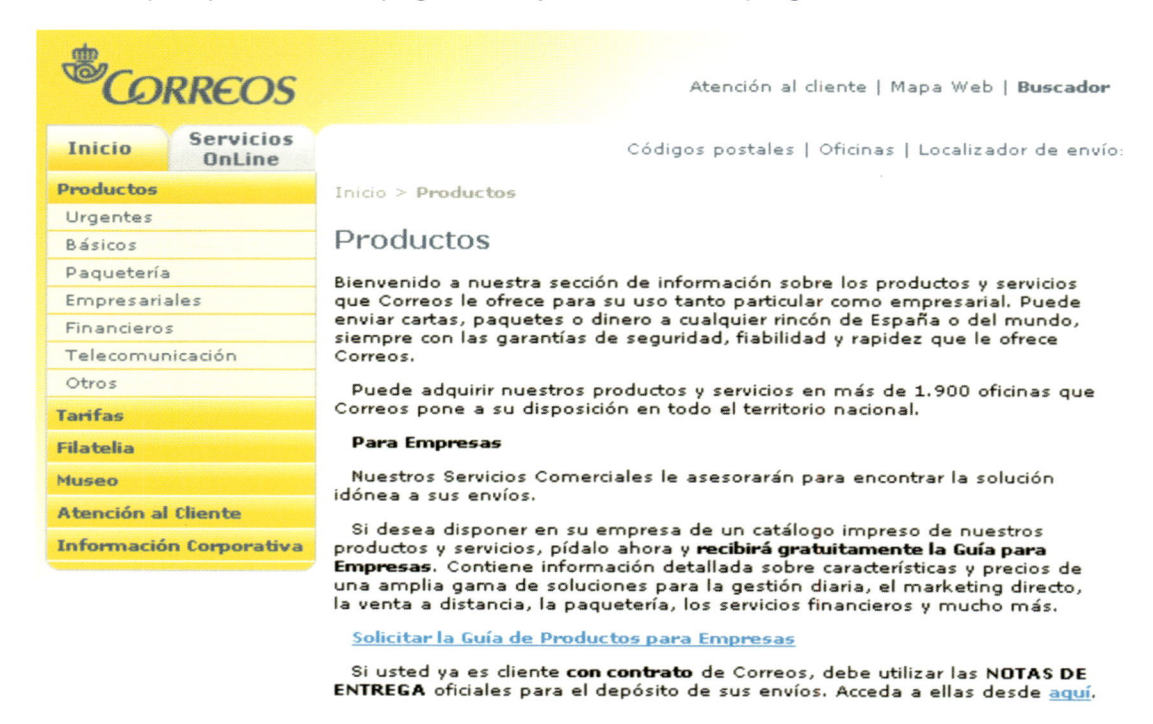

http://www.correos.es/01/0100.asp

1. Quiero enviar 300 euros a mi hermana, que está en Varsovia. ¿Puedo hacerlo con Correos? ....

2. ¿Cuántas oficinas de Correos hay en España? ....

3. ¿Cuánto cuesta la Guía para Empresas? ....

4. ¿Qué servicios ofrece Correos a las empresas? ....

5. ¿Quién tiene que utilizar las notas de entrega oficiales? ....

14. Tu jefe te ha encargado que lleves un paquete a Correos. Escucha sus instrucciones y toma nota. Después rellena el impreso.

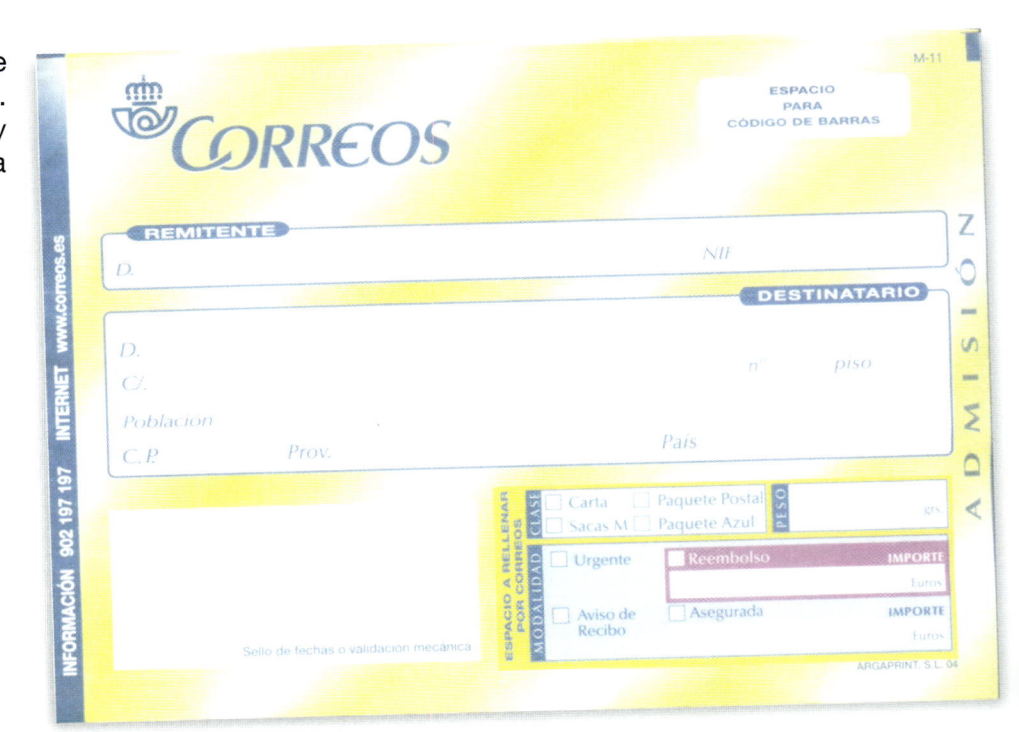

INFORMACIÓN FUNCIONAL Y GRAMATICAL

Pretérito perfecto

Uso. Expresa una acción pasada que el hablante siente cercana al momento presente. Es el pasado del presente.

		-AR	-ER	-IR
Yo	he	trabajado	tenido	vivido
Tú	has	viajado	comido	pedido
Él / ella / usted	ha	hablado	querido	divertido
Nosotros / nosotras	hemos	comprado	bebido	elegido
Vosotros / vosotras	habéis	visitado	vendido	preferido
Ellos / ellas / ustedes	han	estudiado	entendido	decidido

Participios irregulares

Roto
Dicho
Escrito
Hecho
Vuelto
Puesto
Visto

Marcadores temporales de pretérito perfecto

Hoy
Esta mañana
Esta semana
Este mes
Este año

Últimamente
Recientemente
Hace poco
Hace un rato

Para hablar de acciones que han sucedido → YA

–¿*Has hablado con Isabel?*
–*Sí,* **ya** *he hablado con ella.*

Para hablar de acciones que no han sucedido, pero que están previstas o se espera que sucedan → TODAVÍA

–¿*Has llevado el paquete a Correos?*
–*No,* **todavía** *no lo he llevado.*

Expresar recorrido en el tiempo

Presente + *desde hace* + cantidad de tiempo
La empresa **funciona** *desde hace diez años.*

Pretérito perfecto + *hace* + cantidad de tiempo
He terminado *mis estudios* **hace dos meses.**

Llevar + cantidad de tiempo
Llevo dos meses *en esta empresa.*

Llevo tres meses en España.

Lección 8 — De vuelta a clase

- Hablar de acontecimientos del pasado reciente (II).
- Valorar experiencias.
- Describir lugares.
- Expresar frecuencia.

1. Hoy es el primer día de clase tras las vacaciones. Los estudiantes han traído fotos para enseñar a los demás. ¿Reconoces estos lugares?

■ Escucha y relaciona las audiciones con las fotos.

2. ¿Qué actividad se puede hacer especialmente en cada lugar? Clasifícalas.

MAR	MONTAÑA	CIUDAD

nadar
conocer la fauna
acampar
navegar
visitar museos

pescar
salir de copas
escalar
respirar aire puro
ir de compras

hacer senderismo
tomar el sol
hacer submarinismo
ir al teatro
pasear por los parques

3. Completa los diálogos con los verbos en pretérito perfecto.

1
- Juan, y tú, ¿qué .... durante las vacaciones?
- Yo .... a mi pueblo, y .... muchas cosas: .... a mi familia, ... por el campo. Han sido unas vacaciones tranquilas, para relajarse.
- Entonces, vuelves nuevo, ¿no?
- Exactamente. Preparado para el duro trabajo.

2
- Pues yo .... en París.
- ¡Qué suerte! Menudas vacaciones.
- Bueno, algunos días .... de vacaciones pero otros, de trabajo. Hago mi tesis doctoral sobre arquitectura barroca, y .... para investigar: .... un capítulo durante las vacaciones.
- Es estupendo.

3
- Marta, ¿y tú? Seguro que .... en casa trabajando y leyendo. Nunca haces nada.
- Pues no, este año .... cambiar. .... deportes de riesgo: .... paracaidismo, puenting y .... a volar en ala delta.
- ¿Qué? ¡No me lo puedo creer!
- Pues sí, he decidido darle a mi vida algo de emoción.
- ¿Y qué tal la experiencia?
- .... fenomenal.

4. Estas son las agendas de Tomás y Maite con las cosas que querían hacer durante las vacaciones. Escribe oraciones con las cosas que han hecho y con las que no.

Tomás
- Visitar el Museo Dalí. ✓
- Hacer una excursión a las islas Medes.
- Ir al Parque Natural de Montseny.
- Nadar en la playa. ✓
- Hacer alguna ruta por el Alto Ampurdán.
- Practicar esquí náutico. ✓

Maite
- Hacer fotografías en la ciudadela de Machu Picchu. ✓
- Ir al mercado tradicional de Pisac.
- Visitar el pueblo indígena de Ollantaytambo.
- Navegar por el lago Titicaca. ✓
- Quedar con Luis en Lima. ✓

Observa

Oración afirmativa	Oración negativa
Un/-a; algún/alguna	ningún/ninguna
He hecho **una** excursión.	**No** he hecho **ninguna** excursión.

cincuenta y una **51**

5. Todos estos adjetivos sirven para valorar una experiencia. Clasifícalos según sean positivos o negativos.

- agotador
- horrible
- inolvidable
- maravilloso
- divertido
- fantástico
- duro
- normal
- interesante
- aburrido
- pesado
- maravilloso

POSITIVOS

....
....
....
....
....

NEGATIVOS

....
....
....
....
....

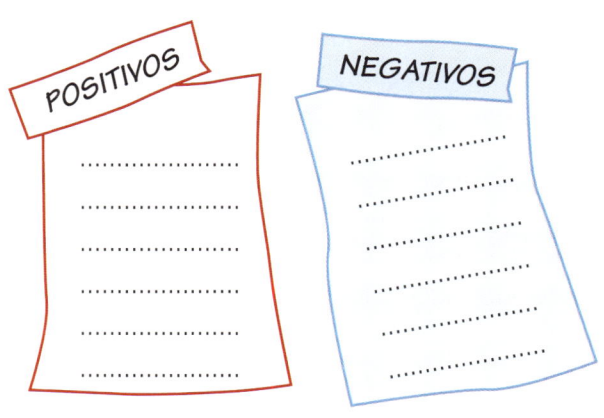

■ Piensa en una experiencia reciente de tu vida para algunos de ellos y cuéntasela a tus compañeros.

6. Ahora escucha estos relatos y marca la opción correcta.

Su experiencia ha sido:

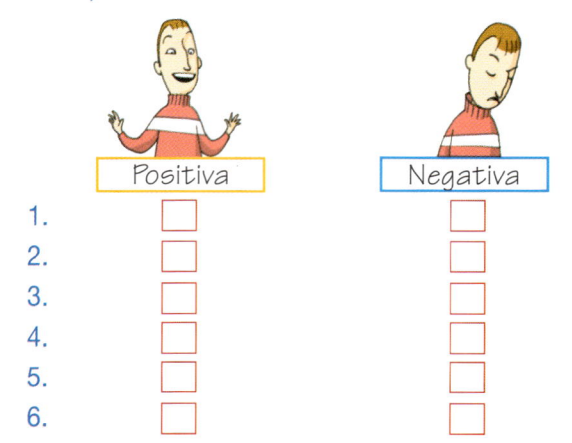

	Positiva	Negativa
1.	☐	☐
2.	☐	☐
3.	☐	☐
4.	☐	☐
5.	☐	☐
6.	☐	☐

7. Añade una valoración a estos enunciados.

1. ¡Qué noche! He pasado toda la noche sin dormir ....
2. Este fin de semana hemos ido al teatro ....
3. Hemos visto un accidente ....
4. Juan nos ha hablado de su viaje por Chile ....
5. Me he caído por las escaleras ....
6. He conocido a Antonio Muñoz Molina; me ha firmado su última novela ....

8. Elige las opciones adecuadas y elabora un relato para cada valoración.

¡El fin de semana ha sido horrible!

¡El fin de semana ha sido fantástico!

- Conocer a una persona muy interesante.
- Trabajar todo el fin de semana.
- Caerse por la escalera.
- Navegar en un pequeño yate.
- Escribir una novela de amor.
- Discutir con la vecina.
- No terminar el trabajo.
- Escribir una novela de terror.
- Estropearse el ordenador.
- Recibir un regalo.

9. Lee el texto sobre la Ruta Quetzal y contesta verdadero o falso.

La Ruta Quetzal es un programa de formación científico en el que se mezclan cultura y aventura. Más de 8.000 jóvenes europeos y americanos han tenido la oportunidad de descubrir las dimensiones humanas, geográficas e históricas de otras culturas, como son la mediterráneas y la precolombina, muy distantes en el espacio y en la concepción de la vida, pero, al mismo tiempo, unidas en un mestizaje que todavía hoy da forma a nuestro mundo. Pero, sobre todo, la Ruta Quetzal es una experiencia formativa en la que los participantes amplían sus conocimientos y desarrollan un espíritu de cooperación internacional, con el fin de crear una nueva visión del mundo, que va más allá de la riqueza y la pobreza.

1. En la Ruta Quetzal participan personas de todas las edades. ....
2. Es un programa para el desarrollo cultural y personal de los participantes. ....
3. Se investigan las diferentes culturas del mundo. ....
4. El objetivo fundamental es mostrar y crear otra forma de entender el mundo. ....
5. Las culturas mediterráneas y precolombinas son absolutamente diferentes. ....

■ Habla con tu compañero y hazle estas preguntas. Toma nota de sus respuestas.
- ¿Has hecho algún viaje de aventura?
- ¿Has viajado en barco?
- ¿Has dormido alguna vez bajo las estrellas?
- ¿Has estado en algún país de Hispanoamérica?
- ¿Te ha ocurrido alguna vez algo peligroso?
- ¿Has comido algún plato típico español?

Siempre has querido ....
Jamás has ....

Expresiones de frecuencia
una vez, dos veces...
alguna vez, algunas veces
varias veces, muchas veces
nunca, jamás
siempre

10. ¿Con qué letras representamos estos sonidos?

[ĉ] → ....   [ʎ] → ....   [ɲ] → ....

■ Escucha estas palabras y clasifícalas donde corresponda.

[ĉ] → ....
[ʎ] → ....
[ɲ] → ....

11. Escucha esta lista de ciudades y completa con las letras que faltan.

Vi__A DEL MAR	SEVI____A	MA____ORCA	A__ACU____O	LA CORU__A	MEDE____ÍN
nadar	una maravilla	Lorca	me ducho	uña	chiquitín

MARBE____A	BO__ACÁ	____IAPAS	CA__AR	__UCATÁN
bella	acá	papas	veranear	pan

HUANCA__O	ESPA__A	PI__IN__O	CASTE____ÓN	CO____ABAMBA	__AN__AMA__O
papagallo	caña	pincho	camión	samba	me callo

■ Tira el dado, mueve la ficha y haz una rima con la ciudad y la palabra que te damos. Date prisa, sólo tienes unos segundos.

cincuenta y tres **53**

unidad 4

12. Estás haciendo un curso intensivo de español en Andalucía. Tus amigos y tú habéis hecho muchas cosas interesantes, pero los recuerdos se han mezclado con los de otros años. Habla con tu compañero y señala cuáles son los de este año. Haz un resumen de las cosas que habéis hecho.

Romería del Rocío (Huelva).

Pirámide maya de Kukulkan (México).

13. Andalucía es una región fantástica. Escucha la audición y escribe las posibles actividades.

■ Ahora, escribe una carta a tu familia y cuéntale las cosas que has hecho en Andalucía; cuéntales también las que todavía no has hecho. No olvides valorar esas experiencias.

Lugar y fecha: *Málaga, 15 de abril de 2006*
Saludos:
    Querida familia, amiga...
    ¡Hola!, ¿qué tal?
    ¡Hola, chicos!
Despedidas:
    Un abrazo.
    Un beso / Muchos besos.
    Hasta pronto / Hasta la vista.

54 cincuenta y cuatro

INFORMACIÓN FUNCIONAL Y GRAMATICAL

Indefinidos

Un/-a → expresa cantidad
-He comprado un libro esta mañana.
-Yo he comprado dos.

Ningún / ninguna → expresa uno/-a de todos los posibles
-¿Has visto alguna película de Fernando Trueba?
-Sí, he visto Calle 54.

Oraciones negativas

Con el adverbio *no* (se coloca siempre delante del verbo)
No he ido a trabajar esta mañana.
No he estado en *ningún* país hispanoamericano.
No he ido *nunca* a Madrid.
No conozco a *nadie* en esta ciudad.

Sin el adverbio *no*
Nunca he hablado con Juan de este problema.
Nadie quiere venir al cine.
Ninguno ha estado en México.

Un/-a; algún / alguna; ningún / ninguna
He hecho *una* excursión → **No** he hecho *ninguna* excursión.

Valorar experiencias en el presente del hablante

Experiencias positivas	Experiencias negativas
Ha sido inolvidable / maravilloso	Ha sido horrible / agotador
Ha estado interesante / fantástico	Ha estado pesado / aburrido

Expresar frecuencia

Pretérito perfecto + expresión de frecuencia: acciones que han ocurrido (o no han ocurrido) en la unidad de presente del hablante.

Una vez, dos veces…
Alguna vez, algunas veces
Varias veces
Muchas veces
Nunca, jamás (hasta el momento de hablar)
Siempre (hasta el momento de hablar)

He ido dos veces a Bolivia: una en 1995 y otra este año.
He comprado muchas veces en esta tienda.

> Me he comprado **un** libro.

> Yo he comprado tres.

> Nunca he estado en México.

Unidad 5

Lección 9 Vamos a salvar la Tierra

- Hablar de planes y proyectos.
- Hacer proposiciones y aceptar o rechazar una proposición.
- Expresar acuerdo y desacuerdo.
- Expresar prohibición.

1. Relaciona estos titulares sobre medio ambiente con las noticias correspondientes.

1. *Las ballenas se rebelan contra los arpones y las redes de pesca.*
2. *El supuesto "ecoturismo" destruye los bosques.*
3. *Aprovechar el calor del sol para combatir el cambio climático.*
4. *El Ministerio de Medio Ambiente adquiere un vehículo para transportar sustancias tóxicas con seguridad.*

....
....

El cloro líquido se transportará a partir de ahora con mejores condiciones de seguridad. Se trata de un furgón con la cabina aislada; dispone de detector de gases de cloro con alarma óptica y acústica por si se produce alguna fuga de este producto tan tóxico. El vehículo se empleará en el traslado del cloro a los pozos, que es lo más peligroso del tratamiento de este gas tóxico.

....
....

En un informe, una ONG denuncia que el llamado turismo ecológico amenaza los últimos bosques de Costa Rica y que el ecoturismo se está convirtiendo, al menos en ese país, en la palabra peor usada tanto por la industria como por los gobiernos. La mayor parte de las veces significa simplemente turismo y tiene una sola finalidad: el beneficio económico.

....
....

Hace unos días se ha celebrado la reunión de la Comisión Ballenera Internacional (CBI); en esta ocasión, han ganado la batalla las ballenas, pero todavía no han ganado la guerra. Se han rebelado contra los arpones-granada, que les provocan una muerte lenta y penosa; las redes en las que quedan atrapadas; la ingestión de los plásticos, que contaminan sus océanos, que las conduce a una dolorosa muerte por asfixia; los sónares de los buques, que las desorientan y las llevan a varar y morir en la arena de las playas. Hartas de terminar en latas de conservas vendidas como «delicatessen», las ballenas han dejado oír su grito de guerra en Italia: «No somos sólo un bocado». Y ha sido escuchado.

....
....

La energía solar térmica puede proporcionar electricidad en grandes cantidades en países soleados como España; en 40 años, puede alcanzar el 5% de toda la demanda eléctrica mundial y evitar la emisión de 154 millones de toneladas de CO_2. Estas son las principales conclusiones de un informe que Greenpeace ha presentado hoy.

El informe dice que España es uno de los cinco países con más posibilidades para el desarrollo de este tipo de centrales.

2. Construye titulares de prensa con algunas de estas palabras.

[capa de ozono / destrucción / deforestación / bosques / residuos tóxicos / ecosistema / equilibrio / reciclar / basura / contaminación / atmósfera]

3. En grupos de tres elaborad una lista con los problemas medioambientales o las acciones contra la naturaleza que os parezcan más graves o que más afecten a vuestros países.

PROBLEMAS MEDIOAMBIENTALES

....
....
....
....
....

56 cincuenta y seis

4. Emilio y sus amigos están muy preocupados por el medio ambiente. Escucha y escribe lo que se proponen hacer.

Emilio

....
....
....
....

Carmen

....
....
....
....

Santiago

....
....
....
....

Rosi

....
....
....
....

Para hablar de planes y proyectos utilizamos *ir a* + infinitivo.

5. Vosotros también sois ciudadanos muy comprometidos con la naturaleza. En grupos, elaborad una lista con las cosas que vais a hacer para cuidar de ella.

NOSOTROS VAMOS A ...

....
....
....
....

■ Ahora pensad en medidas que pueden tomar los gobiernos o las organizaciones internacionales para contribuir a la conservación del medio ambiente.

PUEDEN ...

....
....
....
....

6. ¿Sabes qué es la agricultura biológica? Escucha y señala verdadero o falso.

Verdadero / Falso

1. Uno de los objetivos de la agricultura biológica es obtener productos más baratos.
2. Respeta la naturaleza y cuida el ecosistema.
3. Intenta agotar de forma natural la capacidad productiva de la tierra.
4. Nunca emplea productos malos para la salud.
5. Con la agricultura biológica se obtienen más productos: entre el 15% y el 30% más.

7. A favor o en contra. Comenta con tus compañeros tus opiniones al respecto y explica las razones.

- Los productos agrícolas biológicos son un lujo; sólo algunos pueden comprarlos.
- La mejor forma de cuidar de la Naturaleza es prohibir a las personas cualquier tipo de actividad en ella, incluso, las deportivas o de ocio.
- El medio ambiente no va a mejorar porque yo no utilice mi coche.
- No necesitamos las pieles de los animales para abrigarnos.
- La caza de algunos animales contribuye a mantener el equilibrio en algunos ecosistemas.

- *No estoy de acuerdo con esa opinión.*
- *Yo sí estoy de acuerdo, porque...*
- *Yo también pienso que...*

cincuenta y siete **57**

unidad 5

8. ¿Qué es lo que se puede y lo que no se puede hacer en estos lugares?

Se puede	Se puede	Se puede ....
No se puede	No se puede	No se puede ....

9. Observa estas señales de prohibición. ¿Qué prohíben? Piensa en lugares donde deben aparecer estas señales y por qué.

....
....
....
....
....

....
....
....

....
....
....

10. En parejas. Sois los responsables del "buen comportamiento ciudadano". ¿Qué vais a hacer para mejorar la vida en la ciudad y las relaciones entre los ciudadanos? ¿Qué vais a prohibir?

CONCEJALÍA DE LA BUENA CIUDADANÍA
NUESTRO PROGRAMA

....
....
....
....
....

58 cincuenta y ocho

11. El ayuntamiento de tu ciudad ha convocado un concurso de proyectos medioambientales en el que queréis participar. Leed el cartel y contestad a las preguntas.

IV CERTAMEN CIUDAD SOSTENIBLE

El **Ayuntamiento de Málaga** convoca los premios **Ciudad Sostenible** para conmemorar el 5 de junio, Día Mundial del Medio Ambiente.

Bases

1. Los interesados deben presentar un proyecto en el que propongan un plan de actuación para la ciudad en relación con el Medio Ambiente. Los proyectos deben acompañarse de un trabajo creativo de cualquiera de las siguientes modalidades:
   - Cartel
   - Folleto
   - Presentación multimedia
2. Puede participar todo el que los desee.
3. El plazo de entrega de los trabajos finaliza el 5 de mayo del presente año, a las 14:00.
4. El premio consiste en la exposición en todas las salas de la ciudad del trabajo ganador.

1. ¿Quiénes pueden participar en el concurso?
   ....
2. ¿Cuál es el plazo de presentación?
   ....
3. ¿Qué premio recibe el ganador?
   ....
4. ¿Qué deben presentar?
   ....
5. ¿Por qué se hace el concurso?
   ....
   ....
6. ¿En qué consiste el proyecto?
   ....

12. Un equipo de reporteros de la televisión local ha salido a la calle a preguntar por los problemas medioambientales que preocupan a los ciudadanos. Escucha y anota lo que dicen. Después te será de ayuda.

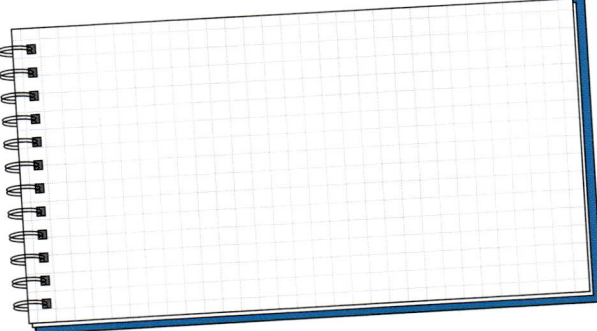

■ ¿Cuál puede ser el tema de vuestro proyecto? Haced propuestas siguiendo el modelo de la ficha.

- Podemos tratar el tema de la deforestación.
- ¿Por qué no trabajamos sobre la desaparición de especies?
- ¿Y si hablamos sobre los riesgos de la energía nuclear?

cincuenta y nueve **59**

13. Habéis decidido participar en el concurso. Lo primero que debéis hacer es elegir el tema, definir la propuesta y rellenar este proyecto.

```
Tema

Objetivos:

Destinatarios:

Descripción de la propuesta:
```

```
Plan de trabajo:

Trabajo que se va a presentar.
Descripción.
    - Cartel
    - Folleto
    - Presentación multimedia
```

▌ Ahora buscad imágenes e información en la prensa, en internet, en revistas especializadas. Vuestro profesor os ayudará y os dará ideas. Una vez finalizado, presentadlo ante la clase.

14. España cuenta con una gran cantidad de parques naturales y espacios protegidos. Lee las fichas y relaciónalas con las fotos correspondientes.

A. Parque Nacional del Teide: una de las muestras más espectaculares de paisaje volcánico. Flora y fauna singular, adaptadas perfectamente a las condiciones extremas del medio (altitud, calor, escasez de lluvias). Sólo dos especies de árboles resisten estas condiciones: el cedro y el pino canario. En la fauna destacan los reptiles, el erizo y los murciélagos.

B. Desierto de Tabernas (Almería): zona muy árida; es el único paisaje desértico de Europa. Tiene clima mediterráneo árido, con escasas lluvias y temperaturas superiores a los 17°C. Catalogado como Zona de Especial Protección para las Aves.

C. Parque Natural de Sierra Nevada (Granada): relieve variado con lomas suaves y cimas poco escarpadas en unas zonas y grandes picos en otras. Aquí se encuentra el pico más alto de la Península. La mezcla de glaciares, bosques y áreas de vegetación dan al conjunto un enorme valor paisajístico. Ofrece un ecosistema único en España: bosque mediterráneo en alta montaña. Se considera el mejor jardín botánico de la Península.

D. Parque Natural de los Picos de Europa: se caracteriza por la grandiosidad de sus formas, por la presencia de espacios naturales de gran belleza que sirven de hábitat para una numerosa comunidad animal y vegetal (en su mayor parte, especies protegidas y en peligro de extinción). Encontramos un paisaje espectacular de cumbres, picos, simas, cuevas, lagos, arroyos y ríos que alternan con gargantas y cañones originados por la fuerza del agua. También hay glaciares y bosques de belleza sorprendente.

▌ Imaginad que sois monitores de una organización ecológica. En parejas, elegid uno de los lugares descritos y preparad una excursión para niños: *¿Cuándo y cómo van a ir?, ¿qué van a hacer allí?, ¿qué van a aprender?*

iNFORMACIÓN FUNCIONAL Y GRAMATICAL

▌ Hacer planes y proyectos futuros

Ir a + infinitivo
Vamos a trabajar para mejorar el medio ambiente.

Vamos a trabajar para mejorar el medio ambiente.

▌ Expresar acuerdo y desacuerdo

-No estoy de acuerdo con esa opinión.
-Yo sí estoy de acuerdo, porque…
-Yo también pienso que…

▌ Hacer proposiciones

Poder + infinitivo
Podemos tratar el tema de la deforestación.
¿Por qué no + presente?
¿Por qué no trabajamos sobre la desaparición de especies?
¿Y si + presente?
¿Y si hablamos del agujero en la capa de ozono?

▌ Expresar una opinión

-Yo creo que…
-En mi opinión…
-Para mí…
-A mí me parece que…

▌ Expresar prohibición

Está prohibido + infinitivo

Está prohibido hacer fuego.

▌ Aceptar y rechazar una proposición

-Vale, de acuerdo.
-Me parece bien.

Preferir + infinitivo
No, yo prefiero hacer algo sobre reciclaje.
Creer + ser mejor + infinitivo
Yo creo que es mejor hacer un cartel.

sesenta y una **61**

Lección 10 De vacaciones

unidad 5

- Hablar de planes y proyectos futuros.
- Expresar condición.
- Expresar deseo.
- Hablar por teléfono; solicitar información por teléfono.

1. Marta tiene ahora vacaciones, pero no sabe qué hacer. Ha recogido información sobre varias opciones. ¿Qué le ofrecen en cada caso?

1 ESCUELA SUPERIOR DE IDIOMAS
Cursos de idiomas en el extranjero - 2004
- Alemania
- Australia
- Canadá
- EEUU
- Escocia
- Francia
- Inglaterra
- Japón

2 Viajes Mundoentero
Este verano, haz un crucero por el Caribe. Embárcate en un crucero y prepárate para vivir unas vacaciones llenas de magia y lujo donde todo es posible. Vive la apasionante experiencia de viajar en un crucero.
Tu sueño hecho realidad.

3 GREDOS MULTIAVENTURA
ESPECIAL VACACIONES
Disponemos de distintos paquetes de aventura que incluyen alojamiento, pensión completa y actividades, y a precios muy especiales.
PAQUETE MULTIAVENTURA
- ✔ piragüismo
- ✔ paintball
- ✔ escalada
- ✔ ruta a caballo
- ✔ senderismo
- ✔ vuelo en ultraligero
- ✔ puenting

4 UNIVERSIDAD COMPLUTENSE EL ESCORIAL
Sedes Patrocinadores Contactar Presentación
CURSOS DE VERANO 2004

5 TRABAJO TEMPORAL
Ofertas y demandas de trabajo en toda España. Consulta los anuncios.
¿Quieres trabajar este verano? Pincha aquí. Tenemos los mejores trabajos del verano esperándote.

1. ....
2. ....
3. ....
4. ....
5. ....

■ Lee las objeciones de Marta a las propuestas y relaciónalas.

- Ya sé inglés. Lo he aprendido en el instituto y la universidad. → ☐
- No me interesa el programa. No hay ningún curso de mi especialidad. → ☐
- Cuesta muy caro; no tengo dinero para eso. → ☐
- Necesito descansar y relajarme. Ha sido un año muy duro y estoy estresada. → ☐

■ En parejas. Pensad en una buena propuesta para Marta. Tened en cuenta las objeciones anteriores.

62 sesenta y dos

2. Fijaos en las fotografías. ¿De qué deportes se trata?

1. ....
2. ....
3. ....
4. ....
5. ....

3. Escribe oraciones que expresen lo que haces habitualmente en estas situaciones.

Si tienes dinero ....
Si quieres aprender un idioma ....
Si quieres descansar ....
Si quieres aventuras ....
Si quieres reírte ....
Si necesitas dinero ....
Si quieres viajar al extranjero ....

Para expresar acciones habituales
Si + presente + presente

4. Estos son tus planes para el futuro pero no sabes qué va a suceder. Construye frases como en el ejemplo.

Dinero → *Si tengo dinero, voy a ir de vacaciones al Caribe.*
Si no tengo, voy a ir de vacaciones a la casa de mis abuelos.

Aprobar este curso ....
....

Cambiar de trabajo ....
....

Comprar un coche nuevo ....
....

Conseguir una beca ....
....

sesenta y tres **63**

5. Escucha lo que ofrecen y toma nota.

Balnearios

Turismo rural

Deportes de riesgo

ONG

6. En grupos de cuatro. Cada uno debe elegir una de las opciones, copiarla en un papel y cerrar el libro. A continuación, debe seguir las instrucciones y llamar por teléfono o contestar las llamadas que reciba.

En situaciones formales:
- *Quería información sobre...*
- *Quería hacer una reserva.*
- *Me gustaría...*

Te interesa la propuesta de los Balnearios. Llama por teléfono y pregunta por el precio para dos personas durante una semana. Tf.: 94 052 81 00

Servicio de Guardaparques voluntarios. Tf.: 99 341 36 90. Las áreas de Amacayacu y Malpelo están destinadas a personas que ya tienen experiencia. Necesitáis gente para colaborar en el Parque Nacional de Iguaque, en Boyacá, y en el de Tatamá, en el Valle del Cauca. Son las últimas plazas. Es un servicio de voluntarios, no se paga por la colaboración.

Te interesa la propuesta de los deportes de riesgo. Llama e infórmate de los lugares donde puedes practicarlos. Te interesa sobre todo el rafting.
Tf.: 91 0452345

Turismo rural: La Casa del Río. Tf.: 97 075 43 99. No hay plazas libres para el mes de agosto. Sí en septiembre.

Te interesa la propuesta del turismo rural. Llama y haz una reserva para dos semanas en agosto. Tf.: 97 075 43 99

Te interesa la propuesta de la ONG. Vas a participar por primera vez. Quieres saber si necesitan ayuda para Malpelo, en el Pacífico, y cuánto pagan. Tf. 99 341 36 90

Balnearios Gran Reserva.
Tf.: 94 052 81 00.
Precios especial vacaciones: Alojamiento en pensión completa + paquete de tratamiento antiestrés → 980 euros/persona

Vacaciones de deportes y aventura. Tf.: 91 0452345. Vuestra oficina está en Madrid. Tenéis puntos de aventura en los Pirineos, Cataluña, Aragón, País Vasco y Andalucía. Rafting: Cataluña. Se puede ver en la página web: www.ventudeporte.com. En la oficina también tienes mucha información.

7. Escucha los planes de estas personas y marca el recorrido.

8. En grupos, pensad opciones para estas posibles vacaciones.

Unas vacaciones: baratas / activas / culturales / deportivas / musicales / relajantes / infantiles

9. Fíjate en los dibujos. ¿Qué les gustaría hacer?

....

....

10. ¿Qué te gustaría hacer estas vacaciones? ¿Qué vas a hacer? Habla con tus compañeros y busca a alguien que coincida contigo. Te ofrecemos un ejemplo.

-Silvie, ¿qué te gustaría hacer estas vacaciones?

-A mí me gustaría hacer un crucero por el Mediterráneo, pero no tengo dinero.

-Entonces, ¿qué vas a hacer?

-Voy a ir a la playa, a la casa de unos amigos.

sesenta y cinco **65**

11. Lee el texto y, a continuación, completa las oraciones.

Vacaciones en la Costa Brava

Tengo ganas de que llegue el verano para irme de vacaciones. Este año voy a ir a la Costa Brava: voy a bañarme en el mar, a pasear por el campo y la montaña, a navegar en mi pequeño barco; también voy a ver a mis amigos, a descansar y a dormir mucho. Salgo el día 1 de julio y vuelvo el 22. Van a ser tres semanas estupendas.

Después, tengo todavía una semana de vacaciones. Son las fiestas de mi pueblo, y me gusta estar allí esos días.

La Costa Brava va desde Blanes (a 24 km de Barcelona) hasta la frontera con Francia.

Posee un paisaje muy variado y de gran belleza, además de una larga historia, que se puede ver en los muchos restos arqueológicos (de íberos, griegos, romanos, visigodos, árabes) y edificios artísticos (castillos, museos, palacios...). El turista puede disfrutar, además, de un clima excepcional y de unas playas azules y tranquilas.

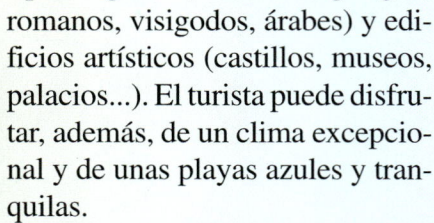

La Costa Brava ofrece la posibilidad de realizar numerosas actividades: paseos y excursiones por parajes extraordinarios (prados, montañas, acantilados), deportes náuticos (hay numerosos puertos, tanto pesqueros como deportivos), golf, visitas turísticas.

Bahía de Cadaqués (Girona).

1. Voy a estar de vacaciones ....
2. La última semana ....
3. La Costa Brava posee ....
4. El clima es ....
5. Se pueden dar paseos y hacer excursiones por ....
....

12. Trabajáis en una agencia de turismo. Pensad en lugares que conozcáis bien y que puedan ser un buen destino de vacaciones; elegid uno y preparad un programa de actividades para un fin de semana.

Posibles destinos y breve descripción.

1. ....
   ....
2. ....
   ....
3. ....
   ....

Parque nacional de Iguazú.

Muralla de Sacsayhuaman en Cuzco.

VIERNES	SÁBADO	DOMINGO
16:00 – Llegamos al hotel		
		20:00 – Regresamos a casa

INFORMACIÓN FUNCIONAL Y GRAMATICAL

Oraciones condicionales

Si + presente + presente: expresa acciones habituales, dada una determinada situación.

-¿Qué haces en las vacaciones?
-Si tengo dinero, viajo por el extranjero.

Si + presente + *ir a* + infinitivo: expresa planes o acciones para el futuro, dada una determinada situación.

-¿Qué vas a hacer estas vacaciones?
-Si tengo dinero, voy a viajar por Europa.

Solicitar, pedir en situaciones formales

Quería información sobre…
Quería hacer una reserva.
Me gustaría…

Expresar deseo

Quiero + infinitivo
Yo quiero ir de vacaciones a la playa.

Me gustaría + infinitivo
A mí me gustaría ir a la montaña.

Me encantaría hacer un crucero por el Mediterráneo.

Hablar de acciones futuras

ir a + infinitivo
- acción futura:
  Mañana voy a ir a la agencia a reservar el viaje.
- planes y proyectos:
  El próximo año voy a buscar trabajo y a comprarme un coche.

Presente
- Acción futura muy cercana y sobre la que tengo una gran certeza de su realización:
  En junio termino mis estudios en la universidad.

sesenta y siete **67**

Revisión

unidades 1-5

1. Observa las fotos, escribe el nombre de estos alimentos y señala las frutas.

....

....

....

2. ¿Cómo se llaman los siguientes objetos? Escribe su nombre y la tarea de la casa relacionada con ellos.

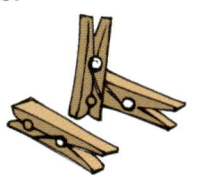

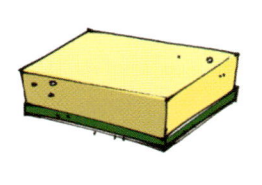

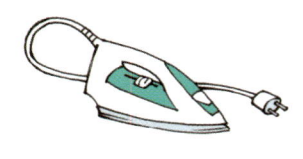

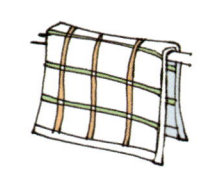

....
....

....
....

■ Discute con tu compañero con qué frecuencia hay que realizar las tareas anteriores para mantener una casa limpia.

68 sesenta y ocho

3. **Completa estos participios con una de estas letras iniciales y después escribe los infinitivos.**

> R   V   D   H   P   V

...isto – Infinitivo: ....uesto – Infinitivo: ....

...icho – Infinitivo: ....uelto – Infinitivo: ....

...oto – Infinitivo: ....echo – Infinitivo: ....

4. **Sustituye los verbos entre paréntesis por un imperativo y dibuja en el plano las siguientes indicaciones.**

-*(Perdonar)* ...., ¿para ir al bar Can-Cun?

-Sí, pues... Para llegar al bar Can-Cun... *(Cruzar)* .... esta plaza y *(coger)* .... la calle más ancha. *(Seguir)* .... recto hasta la esquina de la oficina de Correos. Después *(torcer)* .... a la derecha y *(seguir)* .... recto. *(Tomar)* .... la segunda calle a la izquierda y, enfrente de un banco, está el bar Can-Cun.

5. **Completa con acciones reales en presente o en pretérito perfecto.**

.... desde hace cinco minutos.

.... hace diez años.

.... una hora ....

Ya..

Aún no ....

Últimamente ....

6. **¿Cuáles de las siguientes actividades te gustaría realizar?**

| Hacer senderismo | Pescar | Tomar el sol | Ir al teatro | Salir de copas | Visitar museos | Nadar |

■ ¿Qué condición es necesaria para planearlas? Escribe una oración condicional con cada una de las actividades anteriores.

....
....
....
....
....
....

sesenta y nueve **69**

Apéndice Gramatical

EL SUSTANTIVO

1. GÉNERO

- Son de género masculino los sustantivos que terminan en *-o, -e, -aje* o consonante: *el niño, el coche, el viaje, el profesor*.

    Excepciones: algunos sustantivos que terminan en *-ma* son masculinos: *el problema, el tema, el sistema*.

- Son de género femenino los sustantivos que terminan en *-a, -ción, -sión* y *-d*: *la niña, la canción, la excursión, la verdad*.

    Excepciones: algunos sustantivos que terminan en *-o* son femeninos: *la moto, la mano, la radio*.

- Son tanto masculinos como femeninos los sustantivos terminados en *-ista* y *-ante*: *el / la periodista, el / la estudiante*.

2. NÚMERO

Si el singular acaba en:	en plural:
vocal: *mesa, libro*	-s: *mesas, libros*
consonante: *corazón, flor*	-es: *corazones, flores*
-z: *lápiz*	-es (cambia la consonante): *lápices*
-s: *crisis*	no cambia: *crisis*

ADJETIVO CALIFICATIVO

1. GÉNERO

masculino	femenino	masculino y femenino
-o: *bueno*	-a: *buena*	-e: *grande*
		consonante: *fácil*

- Los adjetivos calificativos concuerdan en género y en número con el sustantivo al que acompañan o al que se refieren:

    No me gustan los pisos pequeños.

    Estas camisas son muy caras.

- Los adjetivos de nacionalidad que terminan en consonante forman el femenino añadiendo la vocal *-a*: *francés → francesa; español → española*.

- Los adjetivos de nacionalidad que terminan en *-a, -e, -i* son invariables: *marroquí, belga*.

2. NÚMERO

Si el singular termina en:	el plural se forma añadiendo:
a, e, i, o, u	-s
	bonito → bonitos; cara → caras
consonante	-es
	útil → útiles
í, ú	iraní → iraníes

setenta y dos

3. CONCORDANCIA

- Los adjetivos calificativos concuerdan en género y en número con el sustantivo al que acompañan o al que se refieren:

  No me gustan los pisos pequeños.

  Estas camisas son muy caras.

4. POSICIÓN

- Se colocan normalmente detrás del sustantivo:

  El coche rojo es el mío.

COMPARATIVOS

1. GÉNERO

de superioridad	**más** +	adjetivo adverbio **que ...** sustantivo	*Es más pequeño que tú.* *Siempre llega más tarde que yo.* *Tiene más dinero que Eva.*
de igualdad	**igual de** +	adjetivo **que ...** adverbio	*Javi es igual de alto que su madre.* *Vivo igual de lejos que tú.*
	tan **tanto** +	adjetivo adverbio **como...** sustantivo	*Esta casa es tan bonita como esa.* *Vivo tan lejos como tú.* *Tiene tanto dinero como Eva.*
de inferioridad	**menos** +	adjetivo adverbio **que ...** sustantivo	*Juan es menos tímido que Pedro.* *Trabaja menos rápido que él.* *Mi salón tiene menos luz que el tuyo.*

ADJETIVOS CON COMPARATIVOS IRREGULARES

más bueno que	mejor que
más malo que	peor que
más pequeño que	menor que
más grande que	mayor que
más arriba que	superior a
más abajo que	inferior a

SUPERLATIVOS

- El superlativo de los adjetivos se forma añadiendo a la raíz el sufijo *-ísimo*: *grand-ísimo, buen-ísimo*. Si el adjetivo termina en *-ble*, añadimos el sufijo *-bilísimo*: *amabilísimo*.
- También podemos expresar grado superlativo con las siguientes estructuras:

absoluto		relativo	
el más *el menos* + adjetivo	*el mejor, el peor, el mayor, el menor...*	*el más* *el menos* + adj + *de* + sus/adv	*el mejor de, el peor de, el mayor de...*
- *Juan es el más alto.* - *Este coche es el menos caro.*	- *Juan es el mayor.* - *Este coche es el mejor.*	- *Juan es el más alto de la clase.* - *Este coche es el menos caro de la tienda.*	- *Juan es el mayor de la familia.* - *Este coche es el mejor de esta marca.*

setenta y tres **73**

PRONOMBRES PERSONALES

1. FORMA

Sujeto	Complemento indirecto	Complemento directo	Reflexivos	Con preposición
yo	me	me	me	mí -conmigo
tú	te	te	te	ti- contigo
él / ella / usted	le	lo-la	se	él / ella / usted
nosotros /-as	nos	nos	nos	nosotros /-as
vosotros /-as	os	os	os	vosotros /-as
ellos / ellas / ustedes	les	los-las	se	ellos / ellas / ustedes

2. USOS

- En español, no es necesario colocar siempre los pronombres sujeto porque la terminación del verbo ya nos indica la persona que es.

- Los pronombres sujeto, los de complemento directo, indirecto y reflexivos se colocan delante del verbo.

- Los verbos como **gustar, doler, encantar**, etc., tienen que llevar complemento indirecto. Delante de él se puede poner la preposición **a** y los pronombres correspondientes.

    Nos encanta cenar en tu casa.

    A mí me gusta salir los fines de semana.

- Las terceras personas de los pronombres de complemento indirecto no tienen diferencia de género, pero sí de número.

    A María **le** gusta el fútbol.

    A Juan **le** encanta cocinar.

    A ellos **les** duele la cabeza.

- Las terceras personas de los pronombres de complemento directo o acusativo sí tienen diferencia de género y número.

    Siempre barre el suelo = Siempre **lo** barre.

    He limpiado la habitación = **La** he limpiado.

    Ayer compramos unos ordenadores = Ayer **los** compramos.

- En las órdenes afirmativas, los pronombres de complemento directo se colocan detrás del verbo.

    Escribe una carta = Escríbe**la**.

    Tome estas pastillas = Tóme**las**.

- Los pronombres con preposición son iguales que los pronombres sujeto. Sólo son diferentes la primera y segunda persona de singular.

    A y PARA → MÍ –TI   CON → CONMIGO – CONTIGO

    Para mí, eres el hombre más guapo del mundo.

    Estoy de acuerdo contigo.

- Acostarse, levantarse, dormirse, peinarse, lavarse, ducharse, etc., son verbos reflexivos y pronominales y han de llevar el pronombre correspondiente.

    Todas las mañanas me levanto a las 8 y me ducho con agua fría.

setenta y cuatro

POSESIVOS

1. FORMAS ÁTONAS

| masculino || femenino ||
singular	pural	singular	plural
mi	mis	mi	mis
tu	tus	tu	tus
su	sus	su	sus
nuestro	nuestros	nuestra	nuestras
vuestro	vuestros	vuestra	vuestras
su	sus	su	sus

2. FORMAS TÓNICAS

| masculino || femenino ||
singular	pural	singular	plural
mío	míos	mía	mías
tuyo	tuyos	tuya	tuyas
suyo	suyos	suya	suyas
nuestro	nuestros	nuestra	nuestras
vuestro	vuestros	vuestra	vuestras
suyo	suyos	suya	suyas

3. USOS

- Los posesivos concuerdan con el sustantivo (con la cosa poseída) en género y número.
  Ese bolígrafo es mío. / ¿Vuestros amigos no vienen hoy?
- Las formas átonas se colocan delante del sustantivo.
  Mi coche es el que está en la esquina.
- No se usa el posesivo para hablar de las partes del cuerpo.
  Me duelen los oídos. / Tiene unas piernas muy largas.
- Las formas tónicas se colocan detrás de sustantivo, verbo y artículo.
  Éste es un gran amigo mío, se llama Julián.
  Este mechero es tuyo.
  -Tu marido es médico, ¿verdad?
  -Sí, y el tuyo también, ¿no?

DEMOSTRATIVOS

1. PRONOMBRES

| masculino || femenino || neutro |
singular	pural	singular	plural	
este	estos	esta	estas	esto
ese	esos	esa	esas	eso
aquel	aquellos	aquella	aquellas	aquello

setenta y cinco **75**

2. ADJETIVOS

masculino		femenino	
singular	pural	singular	plural
este	estos	esta	estas
ese	esos	esa	esas
aquel	aquellos	aquella	aquellas

3. USOS

- Los demostrativos son elementos que se usan para señalar en el espacio, en el tiempo o en el contexto. *Este* se relaciona con *aquí*, *ese* con *ahí* y *aquel* con *allí*.

- Los pronombres tienen el mismo género y número que el sustantivo al que se refieren.

    Ese es el novio de María.

- Los pronombres neutros no tienen plural.

    Por favor, ¿cuánto cuesta esto?

- Los adjetivos demostrativos se colocan delante del sustantivo y concuerdan en género y número con él.

    ¿Me dejas ese diccionario?

    Me encanta este pintor, es el mejor.

INTERROGATIVOS

a) Solicitan información sobre:

- **Qué:** las acciones o las cosas.

    ¿Qué es esto?

- **Quién:** las personas.

    ¿Quién es el director?

- **Dónde:** el lugar.

    ¿Dónde está la secretaría?

- **Cómo:** la manera.

    ¿Cómo te gusta el café?

- **Cuánto:** la cantidad.

    ¿Cuánto cuesta?

- **Por qué:** la causa.

    ¿Por qué estudias español?

b) Los interrogativos siempre llevan tilde: *qué, quién, cómo...*

c) Se colocan delante del verbo.

    ¿Quién ha llamado a la puerta?

d) Los interrogativos en una interrogativa directa siempre van entre signos de interrogación (¿?).

    ¿Dónde están los regalos?

    No sé dónde están los regalos.

PRESENTE DE INDICATIVO

1. FORMA

A) Verbos regulares

	1ª Conjugación AM-AR	2ª Conjugación BEB-ER	3ª Conjugación SUB-IR
Yo	am-o	beb-o	sub-o
Tú	am-as	beb-es	sub-es
Él / ella / usted	am-a	beb-e	sub-e
Nosotros / nosotras	am-amos	beb-emos	sub-imos
Vosotros / vosotras	am-áis	beb-éis	sub-ís
Ellos / ellas / ustedes	am-an	beb-en	sub-en

B) Verbos irregulares

1.

	SER	ESTAR	IR
Yo	soy	estoy	voy
Tú	eres	estás	vas
Él / ella / usted	es	están	va
Nosotros / nosotras	somos	estamos	vamos
Vosotros / vosotras	sois	estáis	vais
Ellos / ellas / ustedes	son	están	van

2. Verbos con irregularidades vocálicas en todas las personas excepto en la 1.ª y en la 2.ª persona del plural.

	E → IE QUERER	O → UE PODER	U → UE JUGAR	E → I PEDIR
Yo	quier-o	pued-o	jueg-o	pid-o
Tú	quier-es	pued-es	jueg-as	pid-es
Él / ella / usted	quier-e	pued-e	jueg-a	pid-e
Nosotros / nosotras	quer-emos	pod-emos	jug-amos	ped-imos
Vosotros / vosotras	quer-éis	pod-éis	jug-áis	ped-ís
Ellos / ellas / ustedes	quier-en	pued-en	jueg-an	pid-en

3. Verbos con cambios consonánticos en la 1.ª persona del plural.

	C → ZC CONOCER	U → UY CONCLUIR	HACER	SALIR	PONER	TRAER
Yo	conozc-o	concluy-o	hag-o	salg-o	pong-o	traig-o
Tú	conoc-es	concluy-es	hac-es	sal-es	pon-es	tra-es
Él / ella / usted	conoc-e	concluy-e	hac-e	sal-e	pon-e	tra-e
Nosotros / nosotras	conoc-emos	conclu-imos	hac-emos	sal-imos	pon-emos	tra-emos
Vosotros / vosotras	conoc-éis	conclu-ís	hac-éis	sal-ís	pon-éis	tra-éis
Ellos / ellas / ustedes	conoc-en	concluy-en	hac-en	sal-en	pon-en	tra-en

(columnas OTROS CAMBIOS: HACER, SALIR, PONER, TRAER)

4. Verbos con doble irregularidad.

	TENER	VENIR	DECIR	OIR
Yo	teng-o	veng-o	dig-o	oig-o
Tú	tien-es	vien-es	dic-es	oy-es
Él / ella / usted	tien-e	vien-e	dic-e	oy-e
Nosotros / nosotras	ten-emos	ven-imos	dec-imos	o-ímos
Vosotros / vosotras	ten-éis	ven-ís	dec-ís	o-ís
Ellos / ellas / ustedes	tien-en	vien-en	dic-en	oy-en

2. USOS

- Para hablar de acciones presentes.
  Vivo en Alcalá de Henares.
  Me llamo Inés y tengo veinte años.

- Para expresar acciones habituales.
  Todos los fines de semana vamos de excursión.

- Para ofrecer, pedir y sugerir.
  ¿Quieres una taza de café o prefieres una cerveza?
  ¿Me dejas tu coche esta noche?
  ¿Por qué no vienes con nosotros?

- Para hablar de acciones futuras que sentimos cercanas.
  El lunes empiezo a trabajar.

3. MARCADORES TEMPORALES DE PRESENTE

- Los marcadores temporales que van con verbos en presente expresan acciones habituales, costumbres y frecuencia.

siempre
cada día / mes / semana…; todos los días / todas las semanas / todos los años …; casi siempre, por lo general, normalmente, generalmente, habitualmente
a menudo, con frecuencia, frecuentemente, muchas / bastantes veces
cada vez que; cada dos / tres… días / semana / verano…; cuatro, cinco… veces al día / a la semana, al mes, al año; a veces; algunas veces; de vez en cuando
casi nunca, apenas, rara vez, raramente, ocasionalmente
nunca, jamás, nunca jamás

todos /-as	+	**los / las**	+	días, meses, años
todos /-as	+	**los / las**	+	lunes, martes…, veranos, inviernos…, vacaciones, Navidades…, fines de semana, festivos
una vez	+	**al / a la**		día, mes, año, semana
una vez por	+	semana, día, mes…		
(una vez)	+	**cada**	+	dos, tres cuatro … años, fines de semana, veranos…

78 *setenta y ocho*

¡OJO!

nunca	/ no … nunca
Nunca voy al cine por la noche.	*No voy al cine nunca por la noche.*
casi nunca	/ no … casi nunca
Casi nunca veo la televisión.	*No veo la televisión casi nunca.*

IMPERATIVO

1. FORMA

A) Verbos regulares afirmativos

	1ª Conjugación Tom-ar	2ª Conjugación Beb-er	3ª Conjugación Sub-ir
Tú	tom-a	beb-e	sub-e
Usted	tom-e	beb-a	sub-a
Vosotros / vosotras	tom-ad	beb-ed	sub-id
Ustedes	tom-en	beb-an	sub-an

B) Verbos regulares negativos

	1ª Conjugación Tom-ar	2ª Conjugación Beb-er	3ª Conjugación Sub-ir
Tú	no tom-es	no beb-as	no sub-as
Usted	no tom-e	no beb-a	no sub-a
Vosotros / vosotras	no tom-éis	no beb-áis	no sub-áis
Ustedes	no tom-en	no beb-an	no sub-an

C) Verbos irregulares afirmativos

	Poner	Venir	Tener	Decir	Hacer	Salir	Ir	Cerrar	Pedir	Dormir
Tú	pon	ven	ten	di	haz	sal	ve	cierra	pide	duerme
Usted	ponga	venga	tenga	diga	haga	salga	vaya	cierre	pida	duerma
Ustedes	pongan	vengan	tengan	digan	hagan	salgan	vayan	cierren	pidan	duerman

- Los verbos con irregularidades vocálicas en el presente de indicativo tienen las mismas irregularidades en las formas del imperativo para TÚ, USTED y USTEDES.
- La forma del imperativo de VOSOTROS no presenta ninguna irregularidad.

D) Verbos irregulares negativos

	1ª Conjugación Cerr-ar	2ª Conjugación Pon-er	3ª Conjugación Dorm-ir
Tú	no cierr-es	no pong-as	no duerm-as
Usted	no cierr-e	no pong-a	no duerm-a
Vosotros / vosotras	no cerr-éis	no pong-áis	no durm-áis
Ustedes	no cierr-en	no pong-an	no duerm-an

setenta y nueve **79**

2. COLOCACIÓN DE LOS PRONOMBRES

- Con el imperativo afirmativo los pronombres se colocan detrás y se unen al verbo.

  ábre**la**   cóge**la**   pon**lo**   haz**lo**

- Con el imperativo negativo los pronombres se colocan delante.

  no **la** abras   no **la** cojas   no **la** pongas   no **lo** hagas

- Con los verbos reflexivos, el imperativo de *vosotros* pierde la *-d*.

  sentaos   vestíos   lavaos

3. USOS

- Para expresar órdenes y prohibiciones.
  Haz la cama.
  Pon la televisión.
  No vengas tarde.
  No cojas el coche. Lo necesito yo.

- Para conceder y denegar permiso.
  -¿Puedo abrir la ventana?
  -Ábrela, ábrela
  -¿Puedo subir la música?
  - No, no la subas. Me duele la cabeza.

- Para dar instrucciones.
  Perdone, ¿la calle Olivar?
  Sí, está aquí mismo. Siga todo recto y tome la segunda a la izquierda.

- Para ofrecer, pedir o solicitar algo.
  Toma una taza de té.
  Coge un bombón, es de licor.
  Dame un vaso de agua.
  Abre la ventana: hace mucho calor.

- Para dar consejos y recomendaciones.
  No beba cosas frías.
  Vete en tren porque en el aeropuerto hay mucho retraso.

PERÍFRASIS

1. PERÍFRASIS DE INFINITIVO

A) *Ir a* + infinitivo

- Para expresar planes y proyectos.
  Hoy voy a ir al teatro.
  ¿Vas a ver la televisión? No, voy a salir.

- Para hablar del futuro.
  El año que viene vamos a viajar a París.
  Mañana voy a ir al médico.

B) *Tener que* + infinitivo

- Para expresar obligación o necesidad personal.
  Tienes que hacer más deporte.
  Tengo que llamar por teléfono.

C) *Hay que* + infinitivo

- Para expresar obligación o necesidad impersonal.
  Para estar sano hay que hacer deporte.
  Para ir a la playa hay que llevar bañador.

D) *Seguir sin* + infinitivo

- Para expresar una acción que en el momento de hablar todavía no se ha realizado o no han realizado.
  Sigo sin dormir, estoy muy cansado.
  ¡Sigues sin fumar! ¡Enhorabuena!

E) *Dejar de* + infinitivo

- Para expresar una acción que ya no se realiza o que alguien quiere que se termine de realizar.
  Deja de tocar la batería, me duele la cabeza.
  Antes me gustaba mucho el vino, ahora he dejado de beber.

2. PERÍFRASIS DE GERUNDIO

A) *Seguir* + gerundio

- Para expresar la continuidad de lo que dice el gerundio.
  Sigo viviendo en la misma casa.
  En los periódicos siguen hablando del partido de fútbol de ayer.

B) *Estar* + gerundio

- Para expresar una acción que se realiza en el momento en el que se habla o que está realizando la persona de la que se habla.
  ¿Qué haces? Estoy escribiendo una carta.
  La chica que está bailando es mi novia.

PASADOS DE INDICATIVO: PRETÉRITO PERFECTO

1. FORMA

Se forma con el presente de indicativo del verbo *haber* y el participio del verbo conjugado.

A) Verbos regulares

	1ª Conjugación AM-AR	2ª Conjugación BEB-ER	3ª Conjugación DORMIR
Yo	he am-**ado**	he beb-**ido**	he dorm-**ido**
Tú	has am-**ado**	has beb-**ido**	has dorm-**ido**
Él / ella / usted	ha am-**ado**	ha beb-**ido**	ha dorm-**ido**
Nosotros / nosotras	hemos am-**ado**	hemos beb-**ido**	hemos dorm-**ido**
Vosotros / vosotras	habéis am-**ado**	habéis beb-**ido**	habéis dorm-**ido**
Ellos / ellas / ustedes	han am-**ado**	han beb-**ido**	han dorm-**ido**

Participios regulares

Infinitivo	Participio
-AR	-ADO
-ER	-IDO
-IR	-IDO

Participios irregulares

abrir	**abierto**
decir	**dicho**
descubrir	**descubierto**
escribir	**escrito**
hacer	**hecho**
morir	**muerto**
poner	**puesto**
romper	**roto**
ver	**visto**
volver	**vuelto**

2. USOS

- Sirve para contar acciones pasadas que suceden en la unidad de tiempo en que está el hablante. Suele aparecer con marcadores temporales del tipo: *hoy, esta semana, este mes, este año, esta mañana, hace un rato, hace una hora, ya, aún / todavía no*, etc.

    Esta mañana he ido al médico.

    Hoy han abierto la nueva discoteca.

    He visto a Juan hace cinco minutos.

    -¿Has visto la última película de Alejandro Amenábar?

    -Sí, ya la he visto.

    Todavía no he conocido a tus padres.

- Sirve para hablar de experiencias pasadas sin indicar el tiempo en el que se realizaron.

    He estado cuatro veces en el museo del Prado.

    He leído ese libro varias veces.

- Sirve para valorar acontecimientos relacionados con el presente del hablante.

    La reunión de hoy ha sido muy aburrida.

    ¡Ha sido un concierto buenísimo! Hoy ha cantado muy bien.

- Sirve para excusarse o justificarse por sucesos pasados que tienen consecuencias en el presente.

    Perdona por el retraso, pero es que he perdido el autobús.

SER / ESTAR

1. FORMA

SER

	Presente	Pretérito Perfecto
Yo	soy	he sido
Tú	eres	has sido
Él / ella / usted	es	ha sido
Nosotros / nosotras	somos	hemos sido
Vosotros / vosotras	sois	habéis sido
Ellos / ellas / ustedes	son	han sido

ESTAR

	Presente	Pretérito Perfecto
Yo	estoy	he estado
Tú	estás	has estado
Él / ella / usted	está	ha estado
Nosotros / nosotras	estamos	hemos estado
Vosotros / vosotras	estáis	habéis estado
Ellos / ellas / ustedes	estan	han estado

2. USOS DEL VERBO *SER*

a) Utilizamos el verbo *ser* para definir, clasificar, describir en las siguientes situaciones:
- Identidad: *¡Hola! Soy Javier Ridruejo.*
- Origen, nacionalidad: *Somos españoles.*
- Profesión: *José es electricista.*
- Descripción física de personas, objetos y lugares: *Mi vecina es alta y delgada.*
- Descripción del carácter: *Mis estudiantes son muy amables.*
- Valoración general de hechos, actividades: *Es bueno hacer deporte.*

b) Para expresar tiempo:
- Hora: *Son las 8 de la mañana.*
- Fecha: *Hoy es martes; es 3 de septiembre.*
- Período de tiempo: *Era de noche. Era otoño.*

c) Para hablar de cantidad:
Es poco / mucho / demasiado.
Son 20 euros.

d) Para indicar posesión:
Este coche es mío.
La casa es de mi hermano.

e) Para indicar la materia de la que están hechas las cosas:
El anillo es de oro.
Mis ventanas son de madera.

3. USOS DEL VERBO *ESTAR*

a) Utilizamos el verbo *estar* para hablar de los resultados de los procesos, de los estados:
- Estados físicos de personas o animales: *El viaje ha sido muy largo; estoy muy cansada.*
- Estados psíquicos de personas: *Está muy triste desde ayer.*
- Estados civiles: *Estamos solteros.*
- Circunstancias y estados de objetos y lugares: *Los alumnos están de viaje. La farmacia está cerrada.*
- Valoración de objetos, cosas y hechos: *La sopa está muy sosa.*

b) Para expresar el lugar donde se encuentran las cosas, las personas, los objetos: *Mi prima está el colegio.*

c) Para referirnos a una acción en desarrollo (*estar* + gerundio): *Elena está durmiendo la siesta.*

ESTAR / HABER (HAY) - HABER (HAY) / TENER

1. ESTAR / HABER (HAY)

a) Se utiliza la forma HAY para expresar la **existencia** de algo:
-¿Sabes dónde hay un estanco?
-Sí, hay uno en la Plaza de Cervantes.

b) Se utilizan las formas del verbo ESTAR para **situar** en un lugar:
-¿Dónde está la Plaza de Cervantes?
-Está al final de la calle. El estanco está al lado de la librería.

la, el, las, los mi, tu, su ... + SUSTANTIVO +	ESTAR
este, ese, aquel...	
HAY +	Ø un, una, unos, unas dos, tres, cuatro... + SUSTANTIVO algún, alguna, ningún, ninguna...

El verbo HABER (HAY) es impersonal, es decir, carece de sujeto, por eso no se establece concordancia con el sustantivo con el que va:

Hay una silla. / hay dos sillas.

El verbo ESTAR es un verbo personal, por lo que lleva sujeto, con el que concuerda en número.

Mi hermano está en Buenos Aires. / Mis hermanos están en Buenos Aires.

2. HABER (HAY) / TENER

a) La forma HAY expresa existencia y se utiliza en forma impersonal (siempre en 3.ª persona del singular).
En clase hay dos ventanas.

b) La forma TENER expresa posesión y se utiliza en forma personal (debe mantener la concordancia con el sujeto).
La clase tiene dos ventanas.

PREPOSICIONES

- Para situar y localizar en el espacio:

    A   **DENTRO DE**
    EN   **ENTRE**
    DEBAJO DE   **DETRÁS DE**
    DELANTE DE   **AL LADO DE**
    ENCIMA DE   **ENFRENTE DE**
    CERCA DE

    A la derecha está el Museo del Prado.
    La alfombra está debajo de la mesa.
    La cocina está al lado del comedor.
    Vivo en Sevilla.

- Para expresar posesión:

    DE

    La chaqueta es de Juan.
    Estos son los padres de Alicia.

- Para localizar en el tiempo:

    EN

    En septiembre vamos a ir a verte.
    En 1980 estuve en Italia.

- Para hablar de momentos del día:

  POR

  Por la mañana me levanto a las ocho.
  Por la tarde salgo de trabajar y me voy al gimnasio.

- Para indicar de la hora:

  A

  -¿A qué hora cierran la biblioteca?
  -A las nueve.

- Para señalar el inicio y el término de un espacio de tiempo:

  DE ... A

  Los bancos abren de ocho a dos de la tarde.

  DESDE ... HASTA

  Ayer estuvimos esperando a Javier desde las diez hasta las once y media.

- Para hablar de la nacionalidad y del origen:

  DE

  Venimos de Madrid.
  Soy de Suecia.

- Para hablar del contenido o la materia de algo:

  DE

  Me gustan los zapatos de piel.
  ¿Tienes mi paquete de tabaco?

ADVERBIOS, LOCUCIONES ADVERBIALES Y OTRAS EXPRESIONES DE FUNCIÓN SEMEJANTE

1. CLASES

A) de lugar

aquí	cerca d)
ahí	lejos de
allí	dentro de
encima de	fuera de
al lado de	enfrente de
debajo de	junto a
delante de	al final de
alrededor	detrás de

B) afirmación / negación

sí, no, también, tampoco

C) tiempo

generalmente	siempre
frecuentemente	a menudo
normalmente	a veces
ya	antes de
aún	ahora
todavía	después de
nunca	ayer
jamás	mañana
hoy	

Otras expresiones de tiempo (frecuencia relativa) son:

una vez al día
X veces al / a la mes / semana / año
muchas veces al mes / al año / a la semana
una vez al mes / al año / a la semana
una vez cada X días, semanas, meses

D) cantidad

muy, mucho, bastante, poco, más

E) modo

bien, mal, regular

2. POSICIÓN DEL ADVERBIO

- El adverbio suele colocarse detrás del verbo, aunque hay excepciones como *ya, todavía* y *aún,* que no tienen una posición fija.

    Me interesa mucho la historia de España.
    Mi casa está lejos del centro.
    Ya hemos llegado. / Hemos llegado ya.

TIPOS DE ORACIONES

1. ORACIONES TEMPORALES

CUANDO + presente de indicativo	*Sólo estudio cuando tengo exámenes.*
AL + infinitivo	*He visto a tu padre al salir del cine.*

Al + infinitivo sólo puede utilizarse cuando el sujeto del verbo principal y el del verbo subordinado son el mismo: *Yo he visto a tu padre cuando yo salía del cine.*

2. ORACIONES FINALES

- Expresan la finalidad o el objetivo con que se realiza la acción del verbo principal. Vienen introducidas por los conectores *para, con la finalidad de, con la intención de,* entre otros.

PARA CON LA FINALIDAD DE CON LA INTENCIÓN DE	+ infinitivo	*Hemos venido a Costa Rica para aprender español.*

3. ORACIONES CONDICIONALES

- Expresan una condición para que se cumpla la acción del verbo principal.

SI	presente +	futuro → acción futura: *Si tengo dinero iré de viaje.*
		presente + imperativo → orden: *Si llegas temprano, espérame.*
		presente → acción habitual: *Si estoy enfermo, voy al médico.*

- También expresa condición:

> CUANDO + presente + presente → acción habitual: *Cuando estoy enfermo, voy al médico.*

4. ORACIONES CAUSALES

- Expresan la causa por la que sucede la acción del verbo principal.

Conector	Función	Lugar donde aparece
ES QUE	Dar excusas o explicaciones.	Al principio de la oración: *-¿Te vienes?* *-No puedo; es que tengo que estudiar.*
PORQUE	Expresar la causa de la acción principal.	Detrás de la oración principal: *-No puedo ir al cine porque tengo que estudiar.*

TRANSCRIPCIONES

Unidad 1
Lección 1

Ejercicio 5

-Carlos, baja a la tienda y compra una barra de pan y dos litros de leche. Bueno… y ya que bajas, compra también tres botellas de aceite y una bolsa de patatas. ¡Ah! y doscientos gramos de cerezas para el postre.

-Vale, mamá. ¿Algo más?

-No, nada más. Bueno, sí, ve a la carnicería, que está al lado de la frutería, y compra medio kilo de filetes de ternera.

-Vale, mamá…

Ejercicio 6

-Carlos, no hay sal. Baja a la tienda de enfrente y compra un paquete.

-Vale, mamá.

-Toma, te doy un billete de diez euros. Y, además de sal, compra una docena de huevos.

-Vale. ¿Puedo comprarme un bollo?

-Sí, anda.

****

-Hola, Carlos, ¿traes las cosas?

-No, mamá, en la tienda de enfrente no hay sal ni huevos.

-Vaya, ¿y bollos?

-Sí, eso sí.

-Bueno, cómete el bollo y dame las vueltas.

Ejercicio 7

-¿A cuánto está el kilo de peras?
-A uno con ochenta.

-¿Cuánto cuesta un paquete de galletas?
-Un euro con veinte.

-¿Cuánto vale una barra de pan?
-Cuarenta y cinco céntimos.

-¿A cuánto están las gambas?
-A doce euros con cincuenta el kilo.

Ejercicio 9

-Hola, buenos días.
-Buenos días, ¿qué le pongo?
-Pues… a ver, ¿a cuánto está el kilo de gambas?
-A 12,70.
-Póngame medio.
-Medio de gambas, muy bien. ¿Algo más?
-Sí, quería también tres truchas pequeñas.
-Tres truchas… a ver… 600 g. ¿Está bien así?
-Sí, así vale.

Lección 2

Ejercicio 5

Pablo: ¡Por favor!
Camarero: Hola, ¿qué van a tomar?
Pablo: Pues yo, una caña.
Amigo: Yo otra.
Amiga: Y para mí… No sé, ¿tienen vino de Rioja?
Camarero: Sí.
Amiga: Pues una copa.
Camarero: ¿Les pongo algo de comer?
Pablo: Pues… No, yo no quiero nada, gracias.
Amigo: Yo sí, para mí un pincho de tortilla, por favor.
Amiga: Y para mí un bocadillo de calamares.

Camarero: Muy bien. ¡Un pincho de tortilla y un bocata de calamares!

Ejercicio 6

Camarero: Hola, buenas noches. Aquí tienen la carta. ¿Les pongo algo de beber?
Señor: Sí, pónganos una botella de vino.
Camarero: ¿Rioja o Ribera del Duero?
Señor: Ribera, por favor.
Camarero: Muy bien, enseguida se la traigo.
Señor: Gracias.

****

Señor: Camarero, por favor.
Camarero: Sí. ¿Han decidido ya?

-¿Quería algo más, señor? Tengo unas sardinitas…
-¿Están frescas?
-Hombre, claro, las más frescas.
-Pues me pone cuarto.
-Cuarto de sardinas. ¿Le pongo alguna cosa más?
-No, nada más. ¿Cuánto es?
-Son 9,65.
-Tome, le doy veinte.
-Aquí tiene las vueltas, señor.
-Gracias, hasta luego.
-Adiós, hasta otro día.

Ejercicio 12

Para hacer una buena tortilla de patata son necesarios estos ingredientes: dos patatas grandes, media cebolla, cuatro huevos, un cuarto de litro de aceite de oliva y sal. La preparación es muy sencilla: se pelan y se cortan las patatas y la cebolla. Después se fríen con un poco de sal. Se baten los huevos y se mezclan con las patatas y la cebolla fritas. Se pone un poco de aceite en una sartén y se echan el huevo con las patatas y la cebolla. Cuando la tortilla está cuajada por un lado, hay que darle la vuelta con la ayuda de una tapadera. Después se pone en un plato y… ¡A comer!

Señora: Sí; queríamos saber qué lleva la ensalada de la casa.
Camarero: Lleva lechuga, tomate, atún, cebolla y aceitunas.
Señora: Ah, pues para mí una de primer plato.
Camarero: Muy bien, ¿y para usted, caballero?
Señor: Para mí… Tráigame un consomé.
Camarero: De acuerdo. ¿Qué van a querer de segundo?
Señora: Mmm… ¿Las chuletas llevan guarnición?
Camarero: Llevan un poco de ensalada.
Señora: No, entonces, no. Mejor tráigame escalope con patatas.

88 ochenta y ocho

Camarero: Muy bien. ¿Y para usted?
Señor: ¿Cómo es el bacalao al pil-pil?
Camarero: Lleva una salsa de ajo. Está muy bueno.
Señor: ¿Sí? Pues uno para mí de segundo, por favor.
Camarero: Enseguida les sirvo el primer plato.
Señora: Gracias.

****

Camarero: ¿Han terminado ya?
Señora: Sí, gracias.
Camarero: ¿Van a tomar postre?
Señora: Sí, yo quiero tarta de chocolate.
Señor: Y yo flan con nata.
Camarero: Muy bien. Les retiro los platos. Enseguida les traigo el postre.

****

Señor: ¿Nos trae la cuenta, por favor?
Camarero: Sí, ahora mismo.

Ejercicio 7

Señor: Camarero, por favor.
Camarero: Sí. ¿Han decidido ya?
Señora: Sí; queríamos saber qué lleva la ensalada de la casa.
Camarero: Lleva lechuga, tomate, atún, cebolla y aceitunas.
Señora: Ah, pues para mí una de primer plato.
Camarero: Muy bien, ¿y para usted, caballero?
Señor: Para mí… Tráigame un consomé.
Camarero: De acuerdo. ¿Qué van a querer de segundo?
Señora: Mmm… ¿Las chuletas llevan guarnición?
Camarero: Llevan un poco de ensalada.
Señora: No, entonces, no. Mejor tráigame escalope con patatas.
Camarero: Muy bien. ¿Y para usted?
Señor: Eh… ¿Cómo es el bacalao al pil-pil?
Camarero: Lleva una salsa de ajo. Está muy bueno.
Señor: ¿Sí? Pues uno para mí de segundo, por favor.
Camarero: Enseguida les sirvo el primer plato.
Señora: Gracias.

****

Señor: ¿Nos trae la cuenta, por favor?
Camarero: Sí, ahora mismo.

Ejercicio 8

a.
-Camarero, por favor.
-¿Sí?
-¿Me trae una cuchara?
-Sí, ahora mismo.

* * *

-Camarero, por favor, tráigame otra cuchara.
-Ahora mismo.

b.
-Camarero, ¿nos trae un poco de agua?
-Sí, enseguida.

* * *

-Perdone, ¿nos trae un poco más de agua, por favor?
-Sí, ahora mismo.

Ejercicio 9

-¿Está buena la ensalada?
-Sí, está muy rica. ¿Y tu consomé?
-Regular, está algo salado.

* * *

-¿Qué tal está el escalope?
-Muy bien, muy tierno.
-Pues el bacalao… No como más, está muy fuerte, tiene demasiado ajo.

* * *

-Mmm, el flan está delicioso. Además, tiene mucha nata.
-Y la tarta también, aunque está demasiado dulce, tiene demasiado chocolate.

Unidad 2
Lección 3

Ejercicio 2

El chalé de Ernesto y Gloria tiene tres plantas. En la planta baja está la entrada o recibidor, muy amplio; hay un gran salón-comedor, que también utilizan como cuarto de estar, y que da paso a una gran terraza con jardín; también hay un pequeño estudio, que es el que emplean Ernesto y Gloria para trabajar en casa; una cocina, que tiene un cuarto para la lavadora y para tender, y un pequeño aseo. En la primera planta están las habitaciones o dormitorios; son cuatro: la de matrimonio, que tiene baño completo, y otras tres más pequeñas para los chicos, con otro baño en el pasillo. Por último, la segunda planta es un gran desván, que por ahora tienen vacío.

Ejercicio 5

Lupe: Ayer estuve viendo el chalé de Gloria.
Toñi: Ah, ¿sí? ¿Y cómo lo tiene?
L: Muy bonito, aunque aún les faltan algunas cosas. El salón lo utilizan para todo: a la izquierda está la zona de comedor, con una mesa grande y cuatro sillas, y a la derecha tienen el salón o cuarto de estar, con dos sofás, una mecedora y una mesita baja. En la pared de enfrente hay una gran librería llena de libros.
T: ¿Y dónde está el televisor?
L: En la librería, ¿dónde va a estar?
T: ¿Y hay algún cuadro?
L: No, todavía no hay ningún cuadro.
T: ¿Y el dormitorio de matrimonio, cómo es?
L: Muy bonito. La cama es enorme, y hay dos mesillas a los lados, pero aún le faltan las lámparas; también hay un baúl a los pies de la cama y un gran armario al lado de la ventana.
En la pared de enfrente hay un espejo de cuerpo entero.
T: Hum, ¡qué maravilla!

L: Pues lo mejor es que tienen un baño en la habitación.
T: Ah, ¿sí? ¿Un baño completo?
L: No, porque no tiene bidé, pero aun así es estupendo.

Ejercicio 12

1. mina, lacado, sábana, esta, pelusa, camisa, dominó, casaca

2. Rafael, merodear, camada, murió, cordero, Málaga, décimo, acalorada

Ejercicio 13

Carlitos está con sus amigos en su habitación. Están jugando al escondite; Lolo está detrás de la cama; Luis está debajo de la cama; Ana está entre la cama y la mesa, y Silvia está dentro del armario.

Lucía está en su habitación, viendo revistas y hablando con sus amigas. Lucía y Rosa están sobre la cama, Sandra está junto al armario y Pepi está sentada en la alfombra.

Ramón está escuchando música con sus amigos. Ramón está sentado en el colchón, entre Sara, que está a su derecha, y Roberto; Julia está junto al equipo de música y Sergio, delante de la puerta.

Lección 4

Ejercicio 3

Sara: Carlos, perdona, pero este vaso que me has dado está sucio.
Carlos: ¿Sucio? Bueno, está un poco sucio.
Sara: Mira, está sucísimo. ¿Qué pasa?, ¿no sabes fregar?
Carlos: Yo prefiero platos y vasos de plástico, que son más prácticos y así no hay que fregar.
Raúl: Pues a mí fregar me parece divertido.
Carlos: ¡Sí, divertidísimo!
Raúl: De verdad; me parece muy divertido. Limpiar el polvo o planchar es mucho menos entretenido.
Sara: Lo más divertido es cocinar.
Carlos: Sí, y muy difícil. Además, no sé cómo os pueden parecer divertidas esas cosas. Cualquier tarea doméstica es aburridísima y odiosa.
Raúl: Bueno, yo prefiero la plancha, es más fácil, y si la ropa está un poco húmeda es facilísimo.
Sara: A mí planchar es la tarea que menos me gusta.
Carlos: Bueno, tranquilos, que tengo diversión para los dos: un delantal para ti, Sara, y la plancha para ti, Raúl.

Ejercicio 7

Madre: Bueno, vamos a hacer una lista con todo lo que hay que hacer. Hay que barrer y fregar todos los suelos de la casa, hay que limpiar el baño...
Padre: La cocina está bastante limpia, ¿no? Yo creo que no hay que limpiarla.
Madre: Parece bastante limpia, sí, pero la nevera hay que limpiarla bien, porque huele un poco. También hay que fregar todas las cacerolas, cubiertos y vajilla.
Padre: De acuerdo. ¿Hay que poner la lavadora?
Madre: No sé, ¿tú crees que hay que lavar la ropa de cama y las toallas?
Padre: ¡Mujer, las sábanas y las toallas están limpias!
Madre: Bueno, pero seguro que hay que planchar mucha de la ropa que hemos traído.
Padre: Eso no es lo más importante ahora. Lo primero que hay que hacer es comprar los productos de limpieza.
Madre: Vale, yo hago la lista y vosotros vais a comprar.

Ejercicio 9

María: Tenemos mucho que hacer, así que vamos a repartir las tareas. A ver, Lucas, ¿te encargas tú de las habitaciones?
Lucas: Vale. ¿Qué hay que hacer?
María: Primero haz las camas, después limpia el polvo y, por último, barre y friega el suelo. A ver, Nuria, ¿friegas tú los cacharros?
Nuria: Jo, a mí siempre lo peor. Lucas, friégalos tú y yo hago las camas.
Lucas: Ni hablar. Mamá me ha encargado a mí limpiar las habitaciones.
Nuria: Pues yo no quiero fregar.
María: Tranquila, que hay más tareas. ¿Planchas y colocas la ropa en los armarios?
Nuria: Eso tampoco me gusta.

Alfredo: Bueno, basta ya, Nuria. Obedece a tu madre y friega los cacharros.
María: Alfredo, deshaz tú las maletas y plancha la ropa, ¿vale? Yo me encargo del baño.
Alfredo: De acuerdo.
María: Pues ¡hale!, a trabajar todo el mundo.

Ejercicio 10

(Se repite audición anterior.)

Ejercicio 12

1. A: Carlos, cariño, saca la basura, por favor.
B: No puedo, estoy viendo una peli.
A: El camión de la basura va a pasar dentro de poco, así que sácala ya.

2. A: ¿Te ayudo con los platos?
B: Vale, gracias, sécalos con un trapo.

3. A: Pero ¿cómo tienes la habitación tan desordenada?
B: A mí me gusta así.
A: Recógela ahora mismo o no sales a la calle.

4. A: Yo me tengo que ir a trabajar... y todo sin recoger.
B: Quita la mesa y yo friego.
A: Vale.

5. A: ¿Qué hago? ¿Te ayudo?
B: Ay, sí, pon la lavadora.

6. A: ¿Y ese olor? Tira los cigarrillos a la basura.
B: ¿Qué cigarrillos?
A: Tíralos inmediatamente.

Unidad 3

Lección 5

Ejercicio 3

Ecológicos, aburrida, ciudad, cuestión, accidente, informáticos, estrés, compras, delincuencia, hospital, interior, psicólogos, naturaleza, opinión, pueblo, tráfico.

Ejercicio 4

PABLO: Para mí lo ideal es vivir en un lugar tranquilo, lejos del tráfico y los ruidos de la gran ciudad. Mi sueño es irme a vivir a un pueblo pequeño, cerca de la montaña.
OLGA: Mira, en mi opinión, el tipo de vida que a ti te gusta no es tranquila, es aburrida.
ENRIQUE: Yo también lo pienso. ¿Qué puedes hacer un fin de semana en un pueblo? A mí me gusta ir de compras, ver tiendas, gente por la calle, salir al cine…
BLANCA: No estoy de acuerdo. La naturaleza no es aburrida, y la paz interior que tienen las personas de los pueblos no la tienen los que viven en la ciudad.
ELENA: Yo creo que no es solo cuestión de aburrimiento o no aburrimiento, ¿qué ocurre si tienes un accidente o te pones enfermo? El hospital más cercano puede estar a 50 km.
CÉSAR: En el campo la gente tiene muchas menos enfermedades que en la ciudad, y allí desconocen los graves problemas de la ciudad, como la delincuencia.
PABLO: Yo también creo que muchas enfermedades se deben al estrés de las grandes ciudades.
ELENA: Yo no lo creo. Las enfermedades son distintas, nada más.
BLANCA: Pues César y yo, aunque nos gusta nuestra ciudad, estamos pensando en cambiar de vida.
OLGA: Ah, ¿sí?, ¿y de qué vais a vivir? Me parece que en los pueblos no necesitan muchos psicólogos ni informáticos, así que tenéis que buscar otras profesiones.
CÉSAR: Sí. Una buena opción de trabajo son los cultivos ecológicos, que están muy de moda.

Ejercicio 6

César: Hola, buenos días, quería pedir información sobre las casas que el Ayuntamiento regala.
Señorita: ¿Tiene usted pareja o está usted casado?
C: Sí, vivo con mi novia desde hace años.
S: Bien, ¿y tienen hijos?
C: No, aún no.
S: Bueno, no importa. Lo que sí es importante es que sean al menos dos personas y menores de 45 años. ¿Cuántos años tienen?
C: 33 y 35.
S: Ah, perfecto. ¿Puedo tutearte?
C: Sí, por supuesto.
S: El Ayuntamiento regala la casa, pero son casas viejas que necesitan reformas, y eso tenéis que pagarlo vosotros.
C: Lógico. ¿Son muy grandes las casas?
S: Depende de las personas que vayan a vivir en ella, pero todas tienen más de 150 m^2.
C: ¿Y qué hay que hacer para solicitar una casa?
S: Si estáis interesados, tenéis que presentar una solicitud antes del 15 de octubre, y si sois elegidos debéis firmar un contrato con una serie de obligaciones.
C: ¿Qué obligaciones?
S: Arreglar la casa, empadronarse en el pueblo, vivir en la casa y no venderla antes de 10 años. Si se incumplen estas obligaciones, la casa pasará a manos del Ayuntamiento.
C: Pero ¿hay que vivir allí todo el año?
S: Al menos 9 meses al año.
C: ¿Y es posible tener otra vivienda en otro lugar?
S: Sí, pero la vivienda habitual tiene que ser la de Almendralejos.
C: Muy bien, me parece lógico. Muchísimas gracias por la información.
S: De nada.

Ejercicio 11

A: Hay que construir una guardería y una escuela.

B: Pues nosotros creemos que hacen falta varias guarderías, porque hay muchos niños pequeños y sus padres trabajan.

C: Lo más importante es invertir en mejorar la carretera a Grandiópolis, porque todo el mundo trabaja allí.

D: Yo creo que hay que invertir mucho dinero en comercio, en restaurantes y locales de espectáculos para atraer a la gente.

E: Nosotros pensamos que la ciudad necesita, sobre todo, servicios de educación y salud.

F: Las autoridades tienen que fomentar la inversión privada, porque es una forma de gastar menos dinero.

G: No estamos de acuerdo; los servicios tienen que ser públicos y gratuitos. La gente paga impuestos para recibir a cambio buenos servicios gratuitos.

Lección 6

Ejercicio 1

1. ¿Necesita renovar el dormitorio de los niños? ¿Necesita un sofá-cama para sus invitados?
En Interiores tiene lo que necesita. Visítenos en la calle de Extremadura, 1. Interiores, su tienda de muebles.

2. Restaurante El Buen Comer, en la calle Mayor, n.º 15, le ofrece una amplia gama de cocina regional y un ambiente agradable y selecto. Disfrute de nuestro menú degustación por tan solo 15 euros. ¡¡El Buen Comer!!

3. La gasolinera El Prado les hace un 2% de descuento a todos los clientes de Supermercados El Prado. Con cada compra superior a 30 €, puede llenar su depósito con un 2% de descuento en efectivo. Le esperamos en Camino de la Vega, esquina con la calle Toledo. ¡Supermercado y gasolinera El Prado, de toda confianza!

4. En Chip te ofrecemos lo último en informática: portátiles, pantallas planas, impresoras... Todo lo que necesitas está en Chip; ven a vernos en la calle Ángel, 16.

5. Antes de comprar un medicamento, consulte a los verdaderos especialistas. En la farmacia del Dr. Gallardo nuestro perso-

nal atenderá sus peticiones. Farmacia del Dr. Gallardo, en la plaza de la Constitución, abierta para usted de 8:30 de la mañana a 11 de la noche ininterrumpidamente.

6. En la plaza Mayor, el Ayuntamiento, a través de la oficina de información municipal, atiende todas sus consultas sobre los servicios que se ofrecen a los ciudadanos.

7. Banco Hispania le ofrece un alto interés para su dinero. Acérquese a Banco Hispania. Le interesa. Oficina central en la calle Trinidad, 1.

8. La ropa que te gusta está en Guapos: camisetas, vaqueros, gorras… Viste a la moda en Guapos, plaza de Quevedo, n.º 10.

9. Ven al estreno este fin de semana de la última película de Antonio Banderas en el cine Capital. Compra ya tus entradas. Cine Capital, centro comercial El Descanso, Camino de la Vega, s/n.

10. El pescado más fresco lo tiene en Ultramar. Directamente del mar a su mesa. Compre los mejores boquerones en pescadería Ultramar, Paseo de la Estación, 5.

Ejercicio 6

Enrique: Hola, buenos días. Perdona, ¿la calle Nebrija, por favor? Creo que hay una oficina del Banco Hispania.

Vecino: ¿La calle Nebrija? Lo siento, no lo sé.

E: ¿Y hay algún cajero automático por aquí cerca?

Unidad 4
Lección 7

Ejercicio 5

¡Vaya día! Hoy todo me ha salido mal. No ha sonado el despertador –ya se ha roto definitivamente, por lo que tengo que comprar otro–. He perdido el tren y he tenido que ir a la oficina en autobús. Al llegar, Mónica, la recepcionista, me ha dicho que el jefe estaba enfadado. Efectivamente, estaba enfadado, lo he comprobado. Me ha llamado a su despacho porque no he escrito todavía a algunos de nuestros clientes y porque no he hecho todo lo que tengo pendiente para la semana. Yo le he contestado que la semana no ha acabado (solo es miércoles). Entonces, me ha mira-

V: Hay uno en la calle Cisneros, a unos 10 minutos andando. Mira, al salir del portal sigue todo recto hacia la izquierda. Al final de la calle llegas a una plaza, crúzala y toma la calle que va hacia la derecha. El Banco está en la acera de enfrente.

E: Muy bien, gracias. ¿Y hay una ferretería por aquí?

V: Hay una muy cerca. Sal a la derecha y después tuerce la segunda a la izquierda. La ferretería está en la esquina siguiente.

E: Pues muchas gracias.

V: De nada, hombre.

Laura: Perdona, también necesitamos una droguería. ¿Sabes dónde está la más cercana?

V: Tenéis un supermercado aquí detrás.

L: Ah, estupendo, porque también tenemos que comprar algo de comida.

V: Pues das la vuelta por la calle de la izquierda y después la primera a la derecha.

L: Muchas gracias.

V: De nada. Y bienvenidos al barrio.

Ejercicio 7

Enrique: Hola, buenos días. Perdone, ¿la calle Nebrija, por favor? Creo que hay una oficina del Banco Hispania.

Señor: ¿La calle Nebrija? Lo siento, no lo sé.

E: ¿Y hay algún cajero automático por aquí cerca?

S: Hay uno en la calle Cisneros, a unos 10 minutos andando. Mire, al salir del portal siga todo recto hacia la izquierda. Al final

do con cara de extrañeza y ha señalado el calendario de la pared: "Hoy es viernes, ¿dónde vive usted?". ¡No me lo puedo creer! Me ha vuelto a pasar otra vez: me he quedado dormido… ¡dos días seguidos!

Ejercicio 11

Antonio: Carlos, y tú, ¿cuánto tiempo llevas aquí?

Carlos: Yo llevo sólo dos meses. También soy nuevo.

Antonio: Y tú, Guillermo, ¿desde cuándo estás aquí?

Guillermo: Desde hace tres años.

de la calle llega a una plaza, crúcela y tome la calle que va hacia la derecha. El Banco está en la acera de enfrente.

E: Muy bien, gracias. ¿Y hay una ferretería por aquí?

S: Hay una muy cerca. Salga a la derecha y después tuerza la segunda a la izquierda. La ferretería está en la esquina siguiente.

E: Pues muchas gracias.

S: De nada, hombre.

Laura: Perdone, también necesitamos una droguería. ¿Sabe dónde está la más cercana?

S: Tienen un supermercado aquí detrás.

L: Ah, estupendo, porque también tenemos que comprar algo de comida.

S: Pues dé la vuelta por la calle de la izquierda y después la primera a la derecha.

L: Muchas gracias.

S: De nada. Y bienvenidos al barrio.

Ejercicio 9

1. Tome esta primera calle a la derecha y siga todo recto. La plaza Mayor está a la izquierda.

2. Baje esta calle y al final, al llegar a una calle amplia, tuerza a la derecha. Después, siga todo recto hasta la plaza.

3. Está muy cerca. Tome la primera calle a la derecha y la primera a la izquierda. Siga recto y al final de la calle verá la plaza a la derecha.

4. Cruce y siga por esta calle de enfrente. Al final de la calle, tuerza a la derecha y enseguida encontrará la plaza a la izquierda.

Antonio: Otra cosa: ¿desde cuándo funciona esta empresa?

Carlos: Desde hace 10 años.

Guillermo: Y tú, Antonio, ¿cuánto tiempo llevas como informático?

Antonio: Es mi primer trabajo como informático. He terminado los estudios hace seis meses.

Ejercicio 14

Mira, tienes que llevar este paquete a correos y enviarlo certificado y urgente. Lo mejor será enviarlo con acuse de recibo para asegurarnos de que llega. No te olvides…, con acuse de recibo. Son los folletos publicitarios y tienen que estar en Valencia lo antes posible. El martes empieza la feria y los necesitan. Son para nuestro comercial de allí. Se llama Fernando Torres Galindo; su oficina está en la avenida Blasco Ibáñez, 35; te lo repito, Blasco Ibáñez, 35. El código postal es 46010. Haz el envío con tus datos.

Lección 8

Ejercicio 1

1. Mis vacaciones han sido fantásticas. He estado en Granada, una de las ciudades más bonitas de España. Allí he visitado La Alhambra, que es un palacio árabe construido sobre una colina. Hemos subido a Sierra Nevada y hemos esquiado. También hemos ido a la playa, pero no nos hemos bañado (todavía hacía frío), solo hemos paseado. Granada lo tiene todo: cultura, diversión, naturaleza.

2. Pues nosotras hemos ido a Santo Domingo: hemos nadado en sus fabulosas playas, hemos paseado, hemos descansado mucho, hemos comido estupendamente y hemos hecho buenos amigos. Lo hemos pasado muy bien, ha sido muy divertido.

3. Yo he estado en Buenos Aires con mi familia. Es una ciudad increíble. Hemos visitado el Obelisco, que está en la Avenida 9 de Julio, la calle más grande que yo he visto nunca. El Obelisco es el símbolo de la ciudad. Se construyó para celebrar el Cuarto Centenario de la fundación de Buenos Aires.

4. Nosotros hemos ido a Galicia, en el noroeste de España. La foto que he traído es de Santiago de Compostela, una ciudad con mucha historia y cultura donde terminan los caminos de Santiago. Es una ciudad tranquila pero con mucho ambiente y está muy bien conservada. Su catedral es impresionante. El visitante tiene la impresión de haber viajado en el tiempo y estar en el siglo XV.

5. Tomás y yo hemos estado en Perú y lo hemos pasado muy bien. Yo siempre he querido ver el Machu Picchu y por fin estas vacaciones he podido conocerlo.

Machu Picchu es una ciudadela construida en piedra sobre la ladera de una montaña. Los investigadores todavía no han descubierto la historia y la función de esta ciudad de piedra que tiene casi un kilómetro de extensión y que fue construida por los incas. El paisaje, entre andino y amazónico, es impresionante.

Ejercicio 6

1. Este mes hemos recibido cuatro visitas de nuevos clientes; ha sido agotador, hemos tenido que trabajar muchas horas extras.

2. Este fin de semana he estado en Sevilla: era la Feria de Abril. ¡Cuánta gente, cuántos colores! No he dormido en dos días. Ha sido maravilloso. Me lo he pasado muy bien.

3. Esta tarde he asistido a la conferencia del profesor Ramírez, que hablaba sobre el arte musulmán en España: ha estado muy interesante.

4. Hoy hemos tenido una reunión de trabajo de tres horas: ha sido horrible. El jefe ha presentado su nuevo proyecto y ha hablado sin parar de sus ideas para mejorar el producto.

5. Este verano no he tenido vacaciones: me he quedado estudiando porque he suspendido dos asignaturas. Ha sido un verano muy duro, lo he pasado fatal.

6. Este verano he practicado *puenting*, es decir, salto al vacío desde un puente: ha sido increíble. Nunca he vivido una experiencia parecida. ¡Es tan intensa…! El próximo fin de semana voy a ir otra vez.

Ejercicio 10

araña, chocolate, anochecer, estrella, llave, llanura, bañera, puño, mañana, cuchara, cañada, charco, lluvia, manzanilla, chileno, despacho, maravilla, ayer, desayuno, mayo, compañero, cumpleaños, enchilada

Ejercicio 11

Viña de mar, Sevilla, Mallorca, Ayacucho, La Coruña, Medellín, Yucatán, Cañar, Chiapas, Boyaca, Marbella, Huancayo, España, Pichincho, Castellón, Cochabamba, Chanchamayo

Ejercicio 13

-Buenos días, queridos oyentes. Tenemos hoy con nosotros a Manuel Quiñones, de la Consejería de Turismo de la Junta de Andalucía. Buenos días, señor Quiñones.
-Buenos días.
-En primer lugar, muchas gracias por estar hoy en nuestro programa.
-Muchas gracias a ustedes por la invitación y por ofrecerme esta oportunidad de hablar de Andalucía.
-Andalucía es famosa en el mundo por sus espectáculos flamencos y sus playas. Pero ¿qué más ofrece esta región a los visitantes?
-Ofrece muchas, muchísimas cosas de interés. Por una parte, cuenta con un inmenso patrimonio artístico y cultural como consecuencia de su historia milenaria y de los diferentes pueblos que han pasado por ella. La Alhambra, la Mezquita, la Giralda son algunos de sus monumentos más representativos, pero la mayoría de sus ciudades y pueblos tienen algún monumento que refleja esta riqueza cultural. Los que estén interesados en el arte en cualquiera de sus manifestaciones y de cualquier época encontrarán en Andalucía las más bellas manifestaciones. Por otra parte, en Andalucía se puede practicar todo tipo de deportes: golf, esquí, deportes náuticos, deportes de riesgo, senderismo, etc.
-¿Y qué ofrece a los amantes de la naturaleza?
-Andalucía tiene más de 80 espacios naturales entre Parajes, Parques y Reservas. Uno de ellos es el Parque Nacional de Doñana, declarado por la UNESCO Reserva de la Biosfera. Hay montañas, bosques, incluso un paisaje desértico, el de Almería, el único desierto de Europa. Las costas son el otro medio natural andaluz con personalidad propia, que se extienden a lo largo de más de ochocientos kilómetros con numerosos tramos de playas.
-¿Y qué hay de las fiestas?
-Las fiestas y celebraciones en Andalucía son tan variadas como su geografía. Destacan la Feria de Abril en Sevilla, la romería a la Virgen del Rocío en Huelva, la Semana Santa en toda la región o los Carnavales de Cádiz. La fiesta de los toros tiene aquí una gran aceptación. Hay que hablar también de los diversos festivales de cante flamenco, que los hay prácticamente a lo largo de todo el año. Podríamos hablar también de su excelente gastronomía, de sus muchos lugares de diversión. Andalucía es, sin duda, un paraíso: su clima, su luz, su color…

Unidad 5
Lección 9

Ejercicio 4

Emilio: Yo voy a reciclar todo cuanto pueda. Para ello, voy a clasificar la basura y a tirar cada tipo en el contenedor correspondiente: los plásticos y tetra-brik, en el amarillo; el papel, en el azul y la basura orgánica, en el verde. Así se podrá reutilizar para fabricar nuevos productos. El 90% de la basura doméstica se puede reciclar.

Santiago: Yo voy a utilizar menos el coche, solo en las ocasiones imprescindibles. Los humos de los coches contaminan mucho la atmósfera y perjudican a la capa de ozono. Por eso, voy a ir al trabajo andando o en transporte público.

Carmen: A mí me preocupa mucho la escasez de agua. Creo que es muy importante que ahorremos agua. Lo primero que voy a hacer es arreglar un grifo de casa que gotea. En segundo lugar, voy a ducharme en lugar de bañarme para no gastar tanta agua. Además, voy a intentar aprovechar el agua de la lluvia para regar las plantas los días en que no llueve.

Rosi: A mí me gusta mucho hacer excursiones por el campo e ir a lugares a los que no va nadie. Pero ahora solo voy a ir a lugares preparados para la gente, porque así es posible mantener y proteger otros parajes. Además, cuando vaya al campo, voy a tener muchísimo cuidado para no dejar restos de basura que no son biodegradables o que pueden ser peligrosos.

Ejercicio 6

Hoy les voy a hablar de la agricultura biológica. Podemos decir que es una alternativa a la agricultura industrial. El punto de partida es el respeto a la Naturaleza. Tiene tres objetivos básicos:

1. Obtener alimentos de mayor calidad.
2. Proteger y cuidar el ecosistema.
3. Mantener fértil la tierra sin agotar su capacidad para producir.

Para esta nueva forma de agricultura, es muy importante respetar los ciclos naturales de los cultivos y no emplear nunca sustancias que puedan ser malas para la tierra o para la salud de los consumidores.

Los productos que se obtienen son de mejor calidad que los convencionales, por lo que es normal que el precio sea también mayor: entre el 15% y el 30%, según el país.

La agricultura biológica no es un retroceso, pues hace compatible la cultura del campo con los nuevos conocimientos técnicos y científicos.

Ejercicio 12

-Buenos días, somos de la cadena de televisión Canal Tres y estamos haciendo una encuesta a los ciudadanos para saber cuáles son los problemas medioambientales que más les preocupan. ¿Cuál es para usted el mayor problema?

-Para mí, la contaminación. Cada día hay más coches. Además, las fábricas no dejan de echar humos a la atmósfera.

-¿Y para usted?

-Para mí, el reciclaje. Yo creo que la gente todavía no está concienciada de la importancia de reciclar. Por ejemplo, el papel: tenemos que aprovecharlo más y reutilizarlo todas las veces que podamos. Después, hay que reciclarlo para fabricar más. Así, no será necesario talar tantos árboles.

-Y usted, ¿qué opina?

-Ahora que es verano, con las altas temperaturas, yo creo que el mayor problema son los incendios. Cada año el fuego acaba con miles de hectáreas de bosque.

-¿Qué problema medioambiental le preocupa más?

-Yo creo que la escasez y la mala utilización del agua es un gran problema. Sin agua, no hay vida. Por eso hay que aprovecharla y cuidarla.

-¿Y a usted?

-A mí me preocupa mucho la destrucción de la capa de ozono, porque eso trae problemas para la salud: problemas respiratorios, en la piel… Las consecuencias van a ser catastróficas.

Lección 10

Ejercicio 5

Balnearios Gran Reserva. Masajes, aromaterapia, tratamientos curativos. Nuestros balnearios reciben a visitantes de todo el mundo que cada año vienen buscando descansar, mejorar su salud o, simplemente, disfrutar de nuevas sensaciones. Déjate llevar. Nuestros balnearios son auténticos oasis. Ideales para unas vacaciones sosegadas, tranquilas, relajantes… Las aguas de los balnearios se emplean para prevenir y curar una gran cantidad de enfermedades.

La tranquilidad y el aislamiento que ofrecemos es el contrapunto perfecto a las tensiones y el estrés del día a día. Ven a disfrutar y a descansar.

Turismo rural en Castilla. Te ofrecemos la mejor oferta de alojamientos rurales en parajes de extraordinaria belleza. Ven a disfrutar de la naturaleza y de una vida tradicional en un ambiente familiar y de amistad.

La Casa del Río está situada en Peralejos de las Truchas, a 240 km de Madrid, en el Parque Natural del Alto Tajo. La casa se encuentra en plena naturaleza, en una zona bañada por las aguas del río Tajo, donde, además, se pueden realizar multitud de excursiones y visitar parajes naturales como la Laguna de Somolinos, o el yacimiento arqueológico de Tiermes. También puedes visitar poblaciones de gran interés cultural y artístico.

¿Te gustan el riesgo y la aventura? Entonces, este es tu lugar de vacaciones. Puedes practicar puenting, barranquismo, ala delta, rafting con los mejores monitores del país y en condiciones de gran seguridad. Si quieres notar cómo sube la adrenalina y liberarte de la monotononía y el estrés diarios, llámanos.

Este año, durante las vacaciones, haz algo distinto: colabora con la naturaleza. Participa en el servicio de guardaparques voluntarios. Es una experiencia formativa que permite el reencuentro del hombre con la diversidad biológica, paisajística y cultural de Colombia. Si te preocupa la naturaleza y deseas contribuir en la conservación y mantenimiento del Sistema de Parques Nacionales Naturales, llámanos y te informaremos sobre lo que debes hacer para participar. Puedes trabajar en muchas cosas diferentes e interesantes (guías, proyectos, información, administración); además, aquí vas a encontrar un excelente ambiente de trabajo. Toda la información en el teléfono 3413690 o en nuestra página de Internet www.parquesnacionales.gov.co.

Ejercicio 7

Mi verano va a ser terrible. Voy a estar todo el verano trabajando porque tengo muchísimas actuaciones. A primeros de julio salgo de Barcelona con destino a París. Allí estoy una semana. Después voy a Bruselas, donde actúo en un festival de música (me encanta ir a Bélgica porque allí tengo muchos fans). Mi siguiente destino es Londres. Actúo el 20 de julio; tengo unos días libres hasta mi próximo concierto, que es en Dublín, el 1 de agosto. Durante mis días libres, voy a conocer un poco Londres, pues he estado varias veces pero no he tenido tiempo para conocerla. Después de Irlanda voy a Praga, la capital de la República Checa: allí actúo el 7 de agosto y, a continuación, voy a Varsovia, donde actúo el 12 de agosto. Nunca he estado en Polonia, pero seguro que me va a gustar. Bueno, continúo: mi siguiente destino es Hungría, en concreto, Budapest. Allí doy tres conciertos seguidos. Descanso unos días y salgo para Moscú, el final de mi gira. El 1 de septiembre salgo de Rusia para España. Entonces, empiezan mis vacaciones.

Nosotros somos periodistas y trabajamos en una revista cultural. Este año nos han encargado que informemos sobre festivales de verano en Europa, así que nuestro verano también va a ser muy duro y con mucho trabajo. Además, como la revista para la que trabajamos no tiene mucho dinero (las revistas culturales dan poco dinero), solo podemos viajar en tren y dormir en sitios baratos. Por eso, nos hemos sacado el carné de alberguista y viajaremos en interraíl. Bueno, pues este va a ser nuestro recorrido desde Madrid: a finales de mayo vamos a la República Checa, al Festival Internacional de Música de Praga. De allí nos vamos a Austria, al festival de Viena. Allí estamos más o menos hasta el 18 de junio. Después, venimos a España, a Granada, al Festival Internacional de Música y Danza. En Granada estamos solo hasta el 25 de junio. Nuestra siguiente parada es en Italia, porque vamos al Festival Internacional de Roma. De Roma vamos a Turquía, donde también se celebra un festival de ópera. El siguiente destino es Grecia, el Festival de Música de Atenas. Y para terminar nuestro recorrido, nos vamos a Edimburgo, la capital de Escocia, para asistir al festival internacional.

Glosario

ESPAÑOL	INGLÉS	FRANCÉS	ALEMÁN	ITALIANO	PORTUGUÉS

A

abono transporte (el)	season pass	abonnement de transport	Dauerkarte	abbonamento	bilhete usado para viajar de metrô e de ônibus
aburrido	bored, boring	ennuyeux	langweilig	noioso	entediado, chato
acampar	camp (to)	camper	zelten	campeggiare	acampar
accidente (el)	accident	accident	Unfall	incidente	acidente
aceite (el)	oil	huile	Öl	olio	óleo, azeite de oliva
ácido	acid	acide	sauer	acido	ácido
agotador	exhausting	épuisant	erschöpfend	esauriente	esgotante
agricultura (la)	agriculture	agriculture	Landwirtschaft	agricoltura	agricultura
agrio	sour	aigre	sauer	acido, aspro	azedo, acre
ahorrar	save (to)	économiser, épargner	sparen	risparmiare	poupar, economizar
ajo (el)	garlic	ail	Knoblauch	aglio	alho
alcohol (el)	alcohol	alcool	Alkohol	alcol	álcool
alfombra (la)	carpet	tapis	Teppich	tappeto	tapete
almacén (el)	warehouse	entrepôt, magasin	Lager	magazzino	armazém
alquilar	rent (to)	louer	vermieten, mieten	affittare, noleggiare	alugar
amargo	bitter	amer	bitter	amaro	amargo
amarillo	yellow	jaune	gelb	giallo	amarelo
ambientador (el)	air freshener	parfum d'ambiance	Raumspray	fraganza, profumo	purificador (de ar)
ambulatorio (el)	outpatient clinic	hôpital de la Sécurité Sociale	Ambulanz	ambulatorio	ambulatório
analgésico (el)	painkiller	analgésique	Betäubungsmittel	analgesico	analgésico
aparcamiento (el)	park car	parking	Parking	parcheggio	estacionamento
apartamento (el)	apartment	appartement	Appartment	appartamento	apartamento
aprovechar	take advantage (to)	profiter	nutzen	approfitare	aproveitar
armario (el)	closet, wardrobe	armoire	Schrank	armadio	armário
arroz con leche (el)	rice and milk	riz au lait	Milchreis	riso con latte	arroz-doce
aseo (el)	restroom, toilets	toilettes, toilette	Toilette, Körperpflege	stanza da bagno, pulizia	asseio, banheiro
atención al cliente	customer service department	service client	Kundenbetreuung	attenzione	atendimento ao cliente
ático (el)	top-floor apartment	grenier	Penthouse	attico	sótão, cobertura
atmósfera (la)	ambiance	atmosphère	Atmosphäre	atmosfera	atmosfera
ayuntamiento (el)	city hall	mairie	Stadtverwaltung, Rathaus	comune	prefeitura
azúcar (el)	sugar	sucre	Zucker	zucchero	açúcar
azul	blue	bleu	blau	blu, azzurro	azul

B

bacalao (el)	codfish	morue	Kabeljau	bacalà	bacalhau
balneario (el)	spa	station balnéaire	Kurort	stabilimento balneare	balneário
banco (el)	bank, bench	banque	Bank	banco, banca	banco
bañera (la)	bathtub	baignoire	Badewanne	vasca	banheira
baño (el)	bathroom	bain, salle de bain	Bad	bagno	banheiro, banho
bar (el)	bar	bar	Kneipe	bar	bar
barra (la)	counter	comptoir	Theke	bancone	balcão
barrer	sweep (to)	balayer	fegen	scopare	varrer
barrio (el)	neighborhood	quartier	Stadtviertel	quartiere	bairro
basura (la)	dustbin, garbage can	ordures	Müll	spazzatura	lixo
batir	whip (to)	battre	schlagen	sbattere	bater
biblioteca (la)	library	bibliothèque	Bibliothek	biblioteca	biblioteca
bidé (el)	bidet	bidet	Bidet	bidè	bidê
blanco	white	blanc, cible	weiß	bianco	branco
bloque (el)	block	bloc	Block	blocco	bloco
bollo (el)	bag	pâtisserie	Hefegebäck	dolciume	pãozinho doce, bolinho doce
bolsa (la)	pastry	sac	Tasche	borsa, sacchetto	sacola, saco
bombón (el)	candy	chocolat	Praline	cioccolatino	bombom
bosque (el)	forest	forêt	Wald	bosco	floresta, bosque
botella (la)	bottle	bouteille	Flasche	bottiglia	garrafa
buhardilla (la)	attic	mansarde	Dachwohnung	soffitta	sótão, janela do sótão
buzón (el)	mailbox	boîte aux lettres	Briefkasten	buca delle lettere	caixa de correio

Español	Inglés	Francés	Alemán	Italiano	Portugués
C					
cabina (la)	booth	cabine	Kabine	cabina telefonica	cabine
cacerola (la)	saucepan	casserole	Kasserolle	pentola	caçarola
cacharro (el)	pot	pot	Topf	cianfrusaglia	utensílio
café (el)	coffee	café	Kaffee	caffè	café
café con leche (el)	milk coffee	café au lait	Milchkaffee	caffèllatte	café com leite
cajero automático (el)	cashpoint, cash machine	guichet automatique	Geldautomat	bancomat	caixa eletrônico
calamar (el)	squid	calamar	Tintenfisch	calamaro	lula
cama (la)	bed	lit	Bett	letto	cama
cama de matrimonio (la)	double bed	lit à deux places	Ehebett	letto matrimoniale	cama de casal
camarero (el)	waiter	serveur	Kellner	cameriere	garçom
campo (el)	country	campagne	Feld	campagna	campo
capa de ozono (la)	ozone layer	couche d'ozone	Ozonschicht	campana d'ozono	camada de ozônio
carnicería (la)	butcher's shop	boucherie	Metzgerei	macelleria	açougue
carpeta (la)	folder	dossier, pochette	Mappe	cartella	pasta (para papéis)
carpintería (la)	carpenter's workshop	charpenterie	Schreinerei	alegnameria	carpintaria
carretera (la)	road	route	Landstraße	strada	estrada
carta (la)	letter	lettre, carte	Speisekarte, Brief	lettera	carta
casa (la)	house	maison	Haus	casa	casa
cebolla (la)	onion	oignon	Zwiebel	cipolla	cebola
cementerio (el)	cemetery	cimetière	Friedhof	cimitero	cemitério
centro comercial (el)	shopping center	centre commercial	Einkaufszentrum	centro commerciale	shopping center
cerámica (la)	pottery	céramique	Keramik	ceramica	cerâmica
cereza (la)	cherry	cerise	Kirsche	ciliegia	cereja
chalé (el)	house	pavillon individuel	Chalet	chalet, villetta	sobrado, chalé
chorizo (el)	chorizo	chorizo	Paprikawurst	salsiccia	alimento parecido à lingüiça
chuleta (la)	chop	côtelette	Kotelett	costoletta	costeleta (de gado)
clima (el)	climate	climat	Klima	clima	clima
clínica (la)	clinic	clinique	Klinik	clinica	clínica
cocina (la)	kitchen	cuisine	Küche	cucina	cozinha
cojín (el)	cushion	coussin	Löffel	cuscino	almofada
colchón (el)	mattress	matelas	Kissen	materasso	colchão
colegio (el)	school	collège	Schule	scuola	colégio
comercial	commercial	commercial	kommerziell	commmerciale	comercial
comercio (el)	shops	commerce	Geschäft	commercio	comércio
comienzo	beginning	début	Beginn	inizio	começo
comisaría (la)	police station	commissariat	Kommissariat	commissariato	delegacia
cómoda (la)	chest of drawers	commode	bequem	comò	cômoda
compra (la)	purchase	courses	Einkauf	spese	compra
condimento (el)	spices	condiment	Gewürz	condimento	tempero, condimento
conserva (la)	cannes, tinned food	conserve	Konserve	conserva	conserva
consomé (el)	consommé	consommé	Brühe	brodo, consomme	consomê
contaminación (la)	pollution	pollution	Verschmutzung	inquinamento	poluição
copa (la)	glass	verre	Glas	coppa	taça
cordero (el)	lamb	agneau	Lamm	agnello	cordeiro
correos	post office	Poste	Post	posta	Correio
cortar	cut (to)	couper	schneiden	tagliare	cortar
cortinas (las)	curtains	rideaux	Vorhänge	tende	cortinas
crédito (el)	credit	crédit	Kredit	credito	crédito
cristal (el)	crystal	verre	Fensterscheibe, Scherbe	cristillo, vetro	cristal, vidro
crucero (el)	cruise	croisière	Kreuzfahrt	crociera	cruzeiro
cruzar	cross (to)	traverser, croiser	überqueren	attraversare	cruzar, atravessar
cuadrado	square	carré	viereckig	quadrato	quadrado
cuadro (el)	painting	tableau	Gemälde	quadro	quadro
cuarto de estar (el)	living room	salle de séjour	Wohnzimmer	oggiorno	sala de estar
cuchara (la)	spoon	cuiller	Löffel	cucchiaio	colher
cuchillo (el)	knife	couteau	Messer	coltello	faca
cuenta (la)	bill	note, addition	Rechnung	conto	conta
cultivo (el)	farming	culture	Anbau	coltura	cultivo

noventa y siete **97**

ESPAÑOL	INGLÉS	FRANCÉS	ALEMÁN	ITALIANO	PORTUGUÉS
D					
deforestación (la)	deforestation	déforestation	Abholzung	deforestazione	desflorestamento
delante (de)	in front of	devant	vor	davanti (a)	diante
delincuencia (la)	crime	délinquance	Kriminalität	delinquenza	delinqüência, criminalidade
departamento de producción (el)	production department	service de production	Produktionsabteilung	dipartimento di produzione	departamento de produção
departamento de publicidad (el)	advertising department	service de publicité	Werbeabteilung	dipartimento di pubblicità	departamento de publicidade
departamento de ventas (el)	sales department	service de ventes	Verkaufsabteilung	dipartimento di vendite	departamento de vendas
derecha	right	droite	rechts, geradeaus	destro, dritto	direita
descanso (el)	rest	repos	Pause	riposo	descanso
destinatario (el)	addressee	destinataire	Empfänger	destinatario	destinatário
destruir	destroy (to)	détruire	zerstören	distruggere	destruir
desván (el)	attic	grenier	Dachboden	soffitta	desvão, sótão
detergente (el)	detergent	détergent	Waschmittel	detersivo	detergente
detrás (de)	behind	derrière	hinter	(in)dietro (di)	atrás
dirección (la)	address, direction	adresse, direction	Anschrift	direzione, indirizzo	direção, endereço
director (el)	director	directeur	Direktor	direttore	diretor
divertido	funny	amusant	lustig	divertente	divertido
docena (la)	dozen	douzaine	Dutzend	dozina	dúzia
dormitorio (el)	bedroom	chambre à coucher	Schlafzimmer	camera da letto	dormitório, quarto
droguería (la)	drugstore	droguerie	Drogerie	profumeria	drogaria
dulce	sweet	doux, sucré	süß	dolce	doce
duro	hard	dur	hart	duro	duro
E					
echar	add, pour	jeter, pousser, appliquer	hinzugeben	gettare, licenziare	jogar, pôr
ecológico	ecological	écologique	ökologisch	ecologico	ecológico
ecosistema (el)	ecosystem	écosystème	Ökosystem	ecosistema	ecossistema
edificio (el)	building	édifice	Gebäude	edificio	edifício, prédio
electricidad (la)	electricity	électricité	Elektrizität	elettricità	eletricidade
empresa (la)	company	entreprise	Unternehmen	compagnia	empresa
en frente (de)	in front of	en face (de)	gegenüber	di fronte	em frente, diante
ensalada (la)	salad	salade	Salat	insalata	salada
ensaladilla rusa (la)	Russian salad	salade russe	russischer Salat	insalata russa	salada russa
entrada (la)	entrance	entrée	Eingang, Eintrittskarte	ingresso	entrada
entrecot (el)	entrecote	entrecôte	Entrecote	bistecca	entrecôte
equilibrio (el)	balance	équilibre	Gleichgewicht	equilibrio	equilíbrio
escalada (la)	climbing	escalade	Klettern	scalata	escalada
escalar	climb (to)	escalader	klettern	scalare	escalar
escalope (el)	escalope	escalope	Schnitzel	scaloppa	escalope
escoba (la)	broom	balai	Besen	scopa	vassoura
espejo (el)	mirror	miroir	Spiegel	specchio	espelho
estanco (el)	tobacconist's	bureau de tabac	Tabakladen	tabaccheria	tabacaria
estrés (el)	stress	stress	Stress	stress	estresse, stress
estropajo (el)	scouring sponge	éponge	Topfreiniger	strofinaccio	esponja de aço
estudio (el)	studio	étude, studio	Studium	studio	estudo
experiencia (la)	experience	expérience	Erfahrung	esperienza	experiência
exportación (la)	export	exportation	Export	esportazione	exportação
F					
fábrica (la)	factory	usine	Fabrik	fabbrica	fábrica
fantástico	fantastic	fantastique	fantastisch	fantastico	fantástico
farmacia (la)	pharmacy	pharmacie	Apotheke	farmacia	farmácia
fenomenal	great	génial	phänomenal	magnifico	fenomenal, fantástico
filete (el)	steak	steak	Filet	bistecca	filé, bife
final	end	fin	Ende	finale	final
flan (el)	caramel custard	flan	Flan	budino	flã
floristería (la)	flower shop	fleuristerie	Blumenladen	negozio di fiori	floricultura
formación (la)	training	formation	Bildung, Ausbildung	formazione	formação

Español	Inglés	Francés	Alemán	Italiano	Portugués
fregadero (el)	sink	évier	Spülbecken	acquaio	pia de cozinha
fregar	mop (to)	laver	spülen	lavare	esfregar, lavar
fregona (la)	mop	serpillière	Wischmopp	sguattera	esfregão
freír	fry (to)	frire	frittieren	friggere	fritar
frigorífico (el)	fridge	réfrigérateur	Kühlschrank	frigorifero	frigorífico, geladeira
frutería (la)	fruit store	fruiterie	Obstgeschäft	frutteria	estabelecimento de venda de frutas
fuego (el)	fire	feu	Feuer	fuoco	fogo
fuente (la)	fountain	source	Quelle	fontana	fonte, chafariz

G

Español	Inglés	Francés	Alemán	Italiano	Portugués
galleta (la)	biscuit	biscuit	Keks	biscotto	bolacha, biscoito
gamba (la)	shrimp	crevette	Garnele	gamberetto	camarão
ganadero (el)	cattle farmer	éleveur	Viehzüchter	allevatore	criador de gado
gasolinera (la)	filling station, gas station	station-service	Tankstelle	distribuitore di benzina	posto de gasolina
gastronomía (la)	gastronomy	gastronomie	Gastronomie	gastronomia	gastronomia
gazpacho (el)	gazpacho	gaspacho	Gazpacho (kalte Tomatensuppe)	gazpacho, zuppa vegetale	gaspacho (espécie de sopa fria de tomate)
giro postal (el)	money order	mandat postal	Postüberweisung	vaglia postale	vale postal
guardería (la)	nursery school	garderie	Kindergarten	giardino d'infanzia	creche
guarnición (la)	garnish	garniture	Beilage	contorno	guarnição

H

Español	Inglés	Francés	Alemán	Italiano	Portugués
habitación (la)	room	chambre	Zimmer	stanza	quarto, cômodo
helado (el)	ice cream	glace	Speiseeis	gelato	sorvete
hierro (el)	iron	fer	Eisen	ferro	ferro
historia (la)	history	histoire	Geschichte	storia	história
horrible	horrible	horrible	fürchterlich	orribile	horrível
hospital (el)	hospital	hôpital	Krankenhaus	ospedale	hospital
huevo (el)	egg	œuf	Ei	uovo	ovo

I

Español	Inglés	Francés	Alemán	Italiano	Portugués
iglesia (la)	church	église	Kirche	chiesa	igreja
importación (la)	import	importation	Import	importazione	importação
incendio (el)	fire	incendie	Brand	incendio	incêndio
increíble	incredible	incroyable	unglaublich	incredibile	incrível
industria (la)	industry	industrie	Industrie	industria	indústria
inolvidable	unforgettable	inoubliable	unvergesslich	indimenticabile	inesquecível
instituto (el)	high school	lycée	Institut	istituto, liceo	escola secundária (ensino médio), instituto
interés (bancario) (el)	interest	intérêt (bancaire)	Bankzins	interesse	juros
interesante	interesting	intéressant	interessant	interessante	interessante
interurbano	long-distance	interurbain	Fern-, Überlandlinks	interurbano	interurbano
izquierdo	left	gauche		sinistro	esquerdo

J

Español	Inglés	Francés	Alemán	Italiano	Portugués
jardín (el)	garden	jardin	Garden	giardino	jardim
jarra (la)	jug, pitcher	jarre, cruche, broc	Krug	brocca, caraffa	jarra
jarra de sangría (la)	jug, pitcher of sangria	jarre de sangria	Sangriakrug	brocca di sangria	jarra de sangria (bebida à base de vinho, água, frutas e açúcar)
jefe de departamento (el)	head	chef de service	Abteilungsleiter	capo dipartimentale	chefe de departamento

K

Español	Inglés	Francés	Alemán	Italiano	Portugués
kilo (el)	kilo	kilo	Kilo	chilo	quilo

noventa y nueve **99**

Español	Inglés	Francés	Alemán	Italiano	Portugués

L

lámpara (la)	lamp	lampe	Lampe	lampada	lâmpada, abajur
lavabo (el)	washbasin	lavabo	Waschbecken	lavabo	lavatório, lavabo
lavadora (la)	washing machine	machine à laver	Waschmaschine	lavatrice	máquina de lavar roupa
lavavajillas (el)	dishwasher	lave-vaisselle	Geschirrspülmaschine	lavastoviglie	máquina de lavar louça
leche (la)	milk	lait	Milch	latte	leite
lechuga (la)	lettuce	laitue	Kopfsalat	lattuga	lechuga (la)
librería (la)	bookstore	librairie	Buchhandlung	libreria	livraria, estante
limón (el)	lemon	citron	Zitrone	limone	limão
limpiahogar (el)	cleaning product	nettoyant ménager	Putzmittel	prodotto per la pulizia	limpador geral para a casa
limpiar	clean (to)	nettoyer	reinigen	pulire	limpar
litro (el)	litre	litre	Liter	litro	litro

M

madera (la)	wood	bois	Holz	legno	madeira
mantel (el)	tablecloth	nappe	Tischdecke	tovaglia	toalha de mesa
mantequilla (la)	butter	beurre	Butter	burro	manteiga
manzana (la)	apple	pomme	Apfel	mela	maçã
maravilloso	marvelous	merveilleux	wunderbar	meraviglioso	maravilhoso
mediano	medium	moyen	von mittlerer Größe	mediano	médio
medioambiente (el)	environment	environnement	Umwelt	ambiente, ecosistema	meio ambiente
mercado municipal (el)	local market	marché municipal	Stadtmarkt, Dorfmarkt	mercato comunale	mercado municipal
merluza (la)	hake	merlu	Seehecht	merluzzo	merluza
mesa (la)	table	table	Tisch	tavolo	mesa
mesilla (la)	bedside table	petite table, table de nuit	Nachttisch	tavolino	mesa-de-cabeceira
mesón (el)	tavern	auberge	Gaststätte	osteria	tipo de restaurante informal
mezclar	mix (to)	mélanger	mischen	mescolare	misturar
montaña (la)	mountain	montagne	Gebirge	montagna	montanha
monumento (el)	monument	monument	Denkmal	monumento	monumento
multiaventura	multi-adventure	multiaventure	Multiabenteuer	multiavventura	multi-aventura

N

naranja	orange	orange	orange	arancione	laranja (cor)
naranja (la)	orange	orange	Orange	arancia	laranja (fruta)
natillas (las)	custard	crème renversée	Vanillecreme	crema inglese	creme doce feito com leite, ovos e açúcar
naturaleza (la)	nature	nature	Natur	natura	natureza
navegar	sail (to)	naviguer	surfen, fahren (Schiff)	navigare	navegar
negro	black	noir	schwarz	nero	preto, negro
normal	normal	normal	normal	normale	normal

O

oferta cultural (la)	cultural offer	offre culturelle	kulturelles Angebot	oferta culturale	oferta cultural
ovalado	rounded	ovale	oval	ovale	oval

P

paisaje (el)	landscape	paysage	Landschaft	paesaggio	paisagem
palillo (el)	toothpick	cure-dent	Zahnstocher	stecchino	palito (de dentes)
pan (el)	bread	pain	Brot	pane	pão
panadería (la)	bakery	boulangerie	Bäckerei	paneteria	padaria
papel higiénico (el)	toilet paper	papier hygiénique	Toilettenpapier	carta igienica	papel higiênico
papelería (la)	stationer's	papeterie	Schreibwarengeschäft	cartoleria	papelaria
paquete (el)	parcel	paquet	Paket	pacco	pacote
parada (la)	stop	arrêt	Haltestelle	fermata	ponto, parada (de ônibus, táxi)

Español	Inglés	Francés	Alemán	Italiano	Portugués
parque de bomberos (el)	fire station	caserne des pompiers	Feuerwehrhaus	vigili del fuoco	posto de bombeiros
pasillo (el)	hall	couloir	Gang	corridoio	corredor
pasta (la)	pasta	pâtes	Teigwaren	pasta	massa
pastel (el)	cake	gâteau	Gebäck	dolciume	bolo
pastelería (la)	cake shop	pâtisserie	Konditorei	pasticceia	confeitaria
patata (la)	potato	pomme de terre	Kartoffel	patata	batata
pelar	peel (to)	peler, éplucher	schälen	sbucciare	descascar
pera (la)	pear	poire	Birne	pera	pêra
pesado	heavy	lourd	schwer	pesante	pesado
pescadería (la)	fish shop	poissonnerie	Fischgeschäft	pescheria	peixaria
pimiento (el)	pepper	poivron	Paprika	peperone	pimentão
pinza (la)	clothes peg, hair-grip	pince	Wäscheklammer	molletta	pinça, pregador (de roupa)
piragüismo (el)	canoeing	kayak	Kanufahren	canottaggio	canoagem
plancha (la)	iron	fer à repasser	Bügeleisen	ferro da stiro	ferro de passar roupa
planchar	iron (to)	repasser	bügeln	stirare	passar roupa
planta (de edificio) (la)	floor	étage	Etage	piano	andar
plástico (el)	plastic	plastique	Plastik	plastica	plástico
plátano (el)	banana	banane	Banane	banana	banana
plato (el)	dish	plat	Teller, Gericht	piatto	prato
polideportivo (el)	sports center	salle omnisports	Sportzentrum	centro polisportivo	ginásio poliesportivo
polígono industrial (el)	industrial area	polygone industriel	Industrieviertel	area industriale	zona industrial
pollo (el)	chicken	poulet	Hähnchen	pollo	frango
poner (en el sentido de poner la mesa)	set (the table)	mettre, dresser	decken	apparecchiare	pôr, arrumar
portaminas (el)	automatic pencil	porte-mines	Druckbleistift	portamina	lapiseira
postre (el)	dessert	dessert	Dessert	dessert	sobremesa
primer plato (el)	starter	premier plat, entrée	Vorspeise	primo piatto	primeiro prato
privado	private	privé	privat	privato	privado, particular
propina (la)	tip	pourboire	Trinkgeld	mancia	gorjeta
proyecto (el)	project	projet	Plan	progetto	projeto
público	public	public	öffentlich	pubblico	público
pueblo (el) (en el sentido de oposición a ciudad)	village	village	Dorf	paese	povoado, cidade pequena
puerto (el)	port	port	Hafen	porto	porto

Q

queso (el)	cheese	fromage	Käse	formaggio	queijo
quiosco (el)	newsstand	kiosque	Kiosk	chiosco, edicola	banca de jornal

R

ración (la)	portion	ration	Portion	porzione	porção
ramo de flores (el)	bouquet	bouquet de fleurs	Blumenstrauß	mazzo di fiori	ramalhete, buquê de flores
rascacielos (el)	skyscraper	gratte-ciels	Wolkenkratzer	grattacielo	arranha-céu
recepcionista (el, la)	receptionist	réceptionniste	Empfangsherr, Empfangsdame	portiere, receptionist	recepcionista
receta (la)	recipe	recette	Rezept	ricetta	receita
recibidor (el)	entrance hall	entrée	Vorzimmer	entrata	vestíbulo
reciclar	recycle (to)	recycler	wiederverwerten	riciclare	reciclar
recogedor (el)	dustpan	ramasse-miettes	Kehrschaufel	rastrello	pá de lixo
rectangular	rectangular	rectangulaire	rechteckig	rettangolare	retangular
redondo	round	rond	rund	rotondo	redondo
refresco (el)	drink	rafraîchissement	Erfrischungsgetränk	rinfresco	refresco, refrigerante
relajación (la)	relaxation	relaxation, détente	Erholung	rilassamento	relaxamento
remitente (el, la)	sender	expéditeur	Absender	mittente	remetente
residuos	waste	résidus	Abfälle	residui	resíduos
respetar	respect (to)	respecter	achten	rispettare	respeitar
retrete (el)	toilet	toilettes	Toilette	cesso	vaso sanitário
río (el)	river	fleuve, rivière	Fluss	fiume	rio
rojo	red	rouge	rot	rosso	vermelho

ciento una **101**

Español	Inglés	Francés	Alemán	Italiano	Portugués
S					
sacar	take out (to)	sortir	herausholen	levare, togliere	tirar, levar
sal (la)	salt	sel	Salz	sale	sal
salado	salted	salé	salzig	salato	salgado
salón-comedor (el)	dinning room	salon-salle à manger	Wohn-Esszimmer	soggiorno	sala e sala de jantar no mesmo ambiente
sandía (la)	watermelon	pastèque	Wassermelone	cocomero	melancia
sardina (la)	sardine	sardine	Sardine	sardina	sardinha
sartén (la)	frying pan	poêle	Pfanne	padella	frigideira
seguir	follow (to)	suivre, continuer	folgen	continuare	seguir, continuar
segundo plato (el)	main dish	plat principal	Hauptspeise	secondo piatto	segundo prato, prato principal
sello (el)	stamp	forêt	Urwald	foresta, selva	selo
selva (la)	jungle	timbre, tampon	Briefmarke	francobollo	selva, mata
senderismo (el)	trekking	randonnée	Wandern	sentierismo, trekking	trekking, caminhada
separar	separate (to)	séparer	treffen	separare	separar
servicios de limpieza (los)	cleaning service	services de nettoyage	Putzdienste	servizi di pulizia	serviços de limpeza
servilleta (la)	napkin	serviette	Serviette	tovagliolo	guardanapo
sillón (el)	armchair	fauteuil	Sessel	poltrona	poltrona
sobre (el)	envelope	enveloppe	Umschlag	busta	envelope
sofá (el)	couch	sofa, canapé	Sofa	divano	sofá
sopa (la)	soup	soupe	Suppe	zuppa	sopa
T					
tabaco (el)	tobacco	tabac	Tabak	tabacco	tabaco, fumo em geral
tarta (la)	cake	tarte, gâteau	Torte	torta	torta doce, bolo
tender (en el sentido de tender la ropa)	airer, clothes line	étendage	aufhängen	stendibiancheria	estender
tendedero (el)	hang out (clothes)	étendre	Wäscheleine	tendere	varal
tenedor (el)	fork	fourchette	Gabel	forchetta	garfo
ternera (la)	veal	veau	Rindfleisch	vitella	vitela, novilha
terraza (la)	balcony	terrasse	Terrasse	terrazza	terraço
tienda de informática (la)	computer store	magasin d'informatique	Informatikgeschäft	negozio d'informatica	loja de informática
tienda de muebles (la)	furniture store	magasin de meubles	Möbelgeschäft	negozio mobili	loja de móveis
tienda de ropa (la)	clothes store	magasin de vêtements	Kleidergeschäft	negozio di abbigliamento	loja de roupa
tirita (la)	band-aid	pansement	Pflaster	cerotto	curativo adesivo
tomate (el)	tomato	tomate	Tomate	pomodoro	tomate
torcer	twist (to)	tordre	abbiegen	girare	virar, dobrar
tóxico	toxic	toxique	giftig	tossico	tóxico
tráfico (el)	traffic	trafic, circulation	Verkehr	traffico	trânsito, tráfico
trapo (el)	cloth	chiffon, torchon	Lappen	straccio, strofinaccio	trapo, pano (de limpeza, de cozinha)
triangular	triangular	triangulaire	dreieckig	triangolare	triangular
trucha (la)	trout	truite	Forelle	trotta	truta
U					
ultramarinos	grocer's shop	épicerie	Lebensmittelgeschäft	drogheria	conservas em geral
universidad (la)	university	université	Universität	università	universidade
urbano	urban	urbain	städtisch	urbano	urbano
V					
vaso (el)	glass	verre	Glas	bicchiere	copo
venta (la)	sale	vente	Verkauf	vendita	venda
verde	green	vert	grün	verde	verde
vinagre (el)	vinegar	vinaigre	Essig	aceto	vinagre
Y					
yogur (el)	yoghurt	yaourt	Joghurt	yogurt	iogurte
Z					
zanahoria (la)	carrot	carotte	Karotte	carota	cenoura
zona verde (la	green space	espace vert	grüne Zone	zona verde	área verde
zumo de naranja (el)	orange juice	jus d'orange	Orangensaft	aranciata	suco de laranja

ESPAÑOL	INGLÉS	FRANCÉS	ALEMÁN	ITALIANO	PORTUGUÉS

LECCIÓN 1 Vamos a la compra

Español	Inglés	Francés	Alemán	Italiano	Portugués
Barra de pan	Loaf of bread	Baguette de pain	Stangenbrot	Un pane	Bisnaga (pão)
Docena de huevos	Dozen eggs	Douzaine d'oeufs	Ein Dutzend Eier	Dozina di uova	Dúzia de ovos
¿Me pone un kilo de naranjas?	Could you give me a kilo of oranges, please?	Vous me donnez un kilo d'oranges ?	Ich hätte gerne ein Kilo Orangen	Mi da un chilo di arancie?	Queria um quilo de laranjas
Productos lácteos	Dairy products	Produits laitiers	Milchprodukte	Prodotti lattici	Produtos lácteos, laticínios
Vino blanco / Vino rosado / Vino tinto	White wine / Rosé wine / Red wine	Vin blanc / Vin rosé / Vin rouge	Weißwein / Roséwein / Rotwein	Vino bianco / Vino rosé / Vino rosso	Vinho branco / Vinho rosê, rosado / Vinho tinto

LECCIÓN 2 Hoy comemos en el restaurante

Español	Inglés	Francés	Alemán	Italiano	Portugués
Boquerones en vinagre	Anchovies in vinegar	Anchois au vinaigre	in Essig eingelegte	Acciughe in aceto	Anchova ao vinagre
Ir de tapas	Go for a bear and a few tapas (bar snacks)	Aller prendre des tapas	Tapas essen gehen	Andare a "tapas"	Sair para tomar aperitivos, comer petiscos
Patatas bravas	Potatoes with a spicy sauce	Pommes de terres sauce " brava " (piquante)	Kartoffeln mit einer scharfen Soße	Patate "bravas" (con pomodoro piccante)	Batatas cozidas e fritas com molho picante
Caña de cerveza	A small glass of beer	Demi de bière	Gezapftes Bier	Una birra piccola	Caneca de chope

LECCIÓN 3 ¿Cómo es tu casa?

Español	Inglés	Francés	Alemán	Italiano	Portugués
Casco antiguo	Old part of town	Vieux quartier	Altstadt	Centro storico	Centro antigo, histórico
Chalé adosado	Semi-detached house	Pavillon individuel	Reihenhaus	Casa a schiera	Casa geminada
Cuarto de baño	Bathroom	Salle de bain	Badezimmer	Bagno	Banheiro
De cerámica	Made of ceramics	En céramique	Aus Keramik	Di ceramica	De cerâmica
De cristal	Made of glass	En verre	Aus Glas	Di cristallo	De vidro, cristal
De hierro	Made of iron	En fer	Aus Eisen	Di ferro	De ferro
De madera	Made of wood	En bois	Aus Holz	Di legno	De madeira
De plástico	Made of plastic	En plastique	Aus Plastik	Di plastica	De plástico
Equipo de música	Sound system	Chaîne hi fi	Musikanlage	Stereo / hi-fi	Aparelho de som
Hacer la mudanza	Move	Déménager	Umziehen	Trasloco	Fazer a mudança

LECCIÓN 4 Tareas de la casa

Español	Inglés	Francés	Alemán	Italiano	Portugués
Cuidar a los niños / los mayores	Take care of the children / old people	S'occuper des enfants / des personnes âgées	Auf die Kinder aufpassen /Ältere Leute pflegen	Avere cura dei bambini/ anziani	Cuidar das crianças / dos idosos
Cuidar las plantas / el jardín	Take care of the plants / the garden	S'occuper des plantes / du jardin	Die Pflanzen/Den Garten pflegen	Badare alle piante/il giardino	Cuidar das plantas / do jardim
Fregar el suelo	Mop the floor	Laver le sol	Den Boden wischen	Pulire il pavimento	Lavar o chão
Fregar los platos	Do the dishes	Faire la vaisselle	Abspülen	Lavare i piatti	Lavar a louça
Hacer arreglos	Do house repairs	Faire des réparations	Reparaturen durchführen	Fare delle riparazioni	Consertar, arrumar
Hacer la lista de la compra	Make the shopping list	Faire la liste des courses	Die Einkaufsliste erstellen	Fare il listino delle spese	Fazer a lista de compras
Hacer la comida	Make lunch	Préparer le repas	Kochen	Cucinare	Fazer a comida
Hacer la compra	Do the shopping	Faire les courses	Einkaufen	Fare la spesa	Fazer a compra
Hacer la maleta	Pack	Faire sa valise	Den Koffer packen	Fare la valigia	Fazer a mala
Limpiar el baño	Clean the bathroom	Nettoyer la salle de bain	Das Bad reinigen	Pulire il bagno	Limpar o banheiro
Limpiar el polvo	Dust	Faire la poussière	Abstauben	Togliere il polvere	Tirar o pó
Pasar la aspiradora	Vacuum	Passer l'aspirateur	Staub saugen	Passare l'aspirapolvere	Passar o aspirador de pó
Planchar la ropa	Iron the laundry	Laver le linge	Bügeln	Stirare	Passar a roupa
Poner el lavavajillas	Turn on the dishwasher	Mettre le lave-vaisselle	Den Geschirrspüler anstellen	Accendere il lavastoviglie	Usar a máquina de lavar louça
Poner la lavadora	Turn on the washing machine	Mettre la machine à laver	Die Waschmaschine anstellen	Accendere la lavatrice	Usar a máquina de lavar roupa
Poner la mesa	Set the table	Mettre la table	Den Tisch decken	Apparecchiare il tavolo	Pôr a mesa
Quitar la mesa	Clear the table	Débarrasser la table	Abräumen	Sparecchiare	Tirar a mesa
Reunión de vecinos	Neighbor's meeting	Réunion de copropriétaires	Versammlung der Nachbarn	Riunione del condominio	Reunião de vizinhos
Reunión del colegio	School meeting	Réunion du collège	Schulversammlung	Consiglio scolastico	Reunião do colégio
Sacar la basura	Take out the garbage	Sortir les poubelles	Den Müll rausbringen	Buttar via la spazzatura	Levar o lixo para fora de casa
Tender la ropa	Hang out the laundry	Étendre le linge	Die Wäsche aufhängen	Stendere	Estender a roupa

ciento tres **103**

ESPAÑOL	INGLÉS	FRANCÉS	ALEMÁN	ITALIANO	PORTUGUÉS

LECCIÓN 5 Mi ciudad

Caja de ahorro	Savings bank	Caisse d'épargne	Sparkasse	Cassa di risparmio	Caixa econômica
Centro comercial	Shopping center	Centre commercial	Einkaufszentrum	Centro commerciale	Shopping center
Ir de compras	Go shopping	Aller faire des courses	Einkaufen	Andare a fare spese	Sair para fazer compras
Oferta cultural	Cultural offer	Offre culturelle	Kulturelles Angebot	Oferta culturale	Oferta cultural
Salir a cenar	Go out for dinner	Sortir dîner	Abend essen gehen	Uscire a cena	Sair para jantar
Zonas verdes	Green spaces	Espaces verts	Grüne Zone	Zone verdi	Áreas verdes

LECCIÓN 6 Mi barrio

Gire a la izquierda	Turn left	Tournez à gauche	Nach links abbiegen	Giri a sinistra	Vire à esquerda
La esquina de enfrente	The opposite corner	Le coin d'en face	Die Ecke gegenüber	L'angolo di fronte	A esquina da frente
Todo recto	Straight ahead	Tout droit	Immer geradeaus	A dritto	Seguir em frente
Tuerza a la derecha	Turn right	Tournez à droite	Nach rechts abbiegen	Giri a destra	Vire à direita

LECCIÓN 7 Hoy he empezado a trabajar

Acuse de recibo	Acknowledgement of receipt	Accusé de réception	Empfangsbestätigung	Ricevuta di ritorno	Aviso de recebimento
Atención al cliente	Customer service department	Service clients	Kundenbetreuung	Attenzione al cliente	Atendimento ao cliente
Carta de presentación	Letter of presentation	Lettre de présentation	Vorstellungsbrief	Lettera di presentazione	Carta de apresentação
Currículum vital	Curriculum vitae	Curriculum vitae	Lebenslauf	Curriculum Vitae	Curriculum vitae
Departamento de producción	Production department	Service de production	Produktionsabteilung	Dipartimento di produzione	Departamento de produção
Departamento de publicidad	Advertising department	Service de publicité	Werbeabteilung	Dipartimento di pubblicità	Departamento de publicidade
Departamento de ventas	Sales department	Service des ventes	Verkaufsabteilung	Dipartimento di vendite	Departamento de vendas
Estimado señor	Dear sir	Cher monsieur	Sehr geehrter Herr	Egregio Signore	Prezado Senhor
Experiencia profesional	Professional experience	Expérience professionnelle	Berufserfahrung	Esperienza lavorativa	Experiência profissional
Formación académica	Academic background	Formation académique	Akademische Ausbildung	Istruzione e formazione	Formação académica
Giro postal	Money order	Mandat postal	Postüberweisung	Vaglia postale	Vale postal
Hace poco	Not long ago	Il y a peu	Vor kurzem	Poco fa	Faz/Há pouco tempo
Hace un rato	A while ago	Il y a un moment	Gerade eben	Un momento fa	Faz/Há pouco (tempo)
Jefe del departamento	Head	Chef du service	Abteilungsleiter	Capo dipartimentale	Chefe do departamento

LECCIÓN 8 De vuelta a clase

Aire puro	Fresh air	Air pur	Saubere Luft	Aria pura	Ar puro
Deportes de riesgo	Extreme sports	Sports à risque	Risikosportart	Sport estremi	Esportes de risco
Fiestas populares	Local festivals	Fêtes populaires	Volksfeste	Feste popolari	Festas populares
Hacer senderismo	Hiking	Faire de la randonnée	Wandern	Praticare sentierismo	Fazer trekking (caminhada)
Hacer submarinismo	Scuba diving	Faire de la plongée sous-marine	Tauchen	Praticare sport subacquei	Praticar mergulho
Tomar el sol	Sunbathe	Prendre le soleil	Sonnenbaden	Prendere il sole	Tomar sol
Visitar museos	Visit museums	Visiter des musées	Museen besichtigen	Visitare dei musei	Visitar museus

LECCIÓN 9 Vamos a salvar la Tierra

Agricultura biológica	Organic agriculture	Agriculture biologique	Biologischer Anbau	Agricoltura biologica	Agricultura orgânica
Cambio climático	Climatic change	Changement climatique	Klimawechsel	Cambio climatologico	Mudança climática
Capa de ozono	Ozone layer	Couche d'ozone	Ozonschicht	Campana d'ozono	Camada de ozônio
Energía nuclear	Nuclear energy	Énergie nucléaire	Atomenergie	Energia nucleare	Energia nuclear
Hacer fotos	Take photos	Faire des photos	Fotos machen	Fotografare	Fazer, tirar fotos
Hacer fuego	Make a fire	Faire du feu	Feuer machen	Accendere un fuoco	Fazer fogueira
Parque Natural	Nature reserve	Parc Naturel	Naturpark	Parco nazionale	Parque Natural
Plan de trabajo	Working plan	Plan de travail	Arbeitsplan	Progetto di lavoro	Plano de trabalho
Sustancia tóxica	Toxic substance	Substance toxique	Giftige Substanz	Sostanza tossica	Substância tóxica

LECCIÓN 10 De vacaciones

Montar a caballo	Ride a horse	Monter à cheval	Reiten	Montare a cavallo	Montar a cavalo
Trabajo temporal	Temporary job	Travail temporaire	Zeitarbeit	Collocamento temporaneo	Trabalho temporário
Turismo rural	Rural tourism	Tourisme rural	Urlaub auf dem Lande	Agriturismo	Turismo rural
Vuelo en ultraligero	Flight on a glider	Vol en ultraléger	Segelflug	Volo su aliante	Vôo de ultraleve